Du même Auteur

Etre Soi-même. Genève: Poésie Vivante, 1967.
Rule of Life. Geneva: Poésie Vivante, 1969.
Lightning. New York: Vantage Press 1970.
Reflections/Réflexions. Bloomington, IN: AuthorHouse, 2004. (Divers
    textes en Anglais, Français, et Arabe)
*A Speech to the Arab Nation. The East/theWest/the Arabs: Yesterday,
    Today and Tomorrow, and Related Writings.* Bloomington, IN: Author-
    House, 2007. (Texte uniquement en Arabe)
To Be Oneself: The Tragicomedy of an Unfinished Life History. Bloom-
    ington, IN: AuthorHouse, 2008.

Matérials d'enseignement de la langue arabe

Arabic Language Course, Part One/Cours de langue arabe, 1ère partie.
    2nd ed. Genève: Poésie Vivante, 1979.
Arabic Language Course, Part Two/Cours de langue arabe, 2ème partie.
    Geneva: L'Auteur, 1979.
Arabic Grammar/Grammaire arabe. Genève: L'Auteur, 1979.
*Arabic Elementary Course, Volume One/Cours élémentaire de langue
    arabe, volume 1.* Genève: L'Auteur/Poésie Vivante, 1982.
*Arabic Elementary Course, Volume II (Annexes)/Cours élémentaire de
    langue arabe, volume II (annexes).* Genève: L'Auteur/Poésie Vivante,
    1983.
Handwriting Exercise Book/Cahier d'écriture. Genève: L'Auteur, 1984.
*Dialogues Textbook I: Words of Everyday Use/Manuel de dialogues I: vo-
    cabulaire courant.* Genève: Institut d'enseignement de la langue arabe/
    Poésie Vivante, 1984.
*Dialogues Textbook II: United Nations, Questions and Answers/Manuel
    de dialogues II: Les Nations Unies, questions et réponses.* Genève: In-
    stitut d'enseignement de la langue arabe/Poésie Vivante, 1984.
*Dialogues Textbook III: Words of Everyday Use/Manuel de dialogues III:
    vocabulaire courant.* Genève: L'Auteur/Poésie Vivante, 1985. (Suite au
    Manuel I)

Nacereddine's Multilingual Dictionary: 2500 Arabic words of current usage with translation in 7 languages - English, Français, Español, Deutsch, Russkij, Chinese, Japanese. Geneva: L'Auteur, 1991.

Alphabet illustré. Genève: L'Auteur, 1996.

Arabic Pictorial/L'Illustré arabe. Geneva: L'Auteur, 1996.

Chinese Pictorial/L'Illust ré chinois. Geneva: L'Auteur, 1997.

Russian Pictorial/L'Illustré russe. Geneva: L'Auteur, 1997.

Interactive Arabic/Arabe interactif. Geneva: L'Auteur, 2004. CD-ROM

Fundamental Arabic Textbook/Manuel d'Arabe fondamental. Rev. ed. Bloomington, IN: AuthorHouse, 2008.

A New Approch to Teaching Arabic Grmmar. Bloomington, IN: AuthorHouse, 2009.

Publications utilisées aux Cours de langue arabe, Nations Unies, Genève – publications non officielles

Grammatical Applications: Idioms and Locutions of Everyday Use/ Applications grammaticales: idiomes et locutions d'usage courant. Geneva: 1980.

Arabic Language Course: Practical Exercises/Cours de langue arabe: exercices pratiques. Geneva: 1981.

Livre de conversation, première partie. Genève: 1981.

A Dictionary of International Relations (news-economics-politics)/ Dictionnaire des relations internationales (actualités-économie-politique). Geneva: 1986.

A Basic Dictionary: Everyday Vocabulary/Dictionnaire de base: vocabulaire courant. Geneva: 1987. 2 v.

A New Approach to Arabic Grammar. Geneva: 1988.

Nouvelle approche de la grammaire arabe. Genève: 1988.

Handwriting and Pronunciation Handbook/Manuel d'écriture et de prononciation. Genève: 1991.

Pour davantage d'informations, veuillez visiter
www.a-nacereddine.com

Abdallah Nacereddine

Nouvelle approche de l'enseignement de la GRAMMAIRE ARABE

2ème Edition,
révisée et augmentée

عبد الله ناصر الدين

La première édition de ce manuel a été publiée comme document
interne de l'Office des Nations Unies à Genève sous le titre
Nouvelle approche de la grammaire arabe, en novembre 1988.

Elle a été publiée également en anglais sous le titre
New Approach to Arabic Grammar, en septembre 1988.

First Published by Author House: 09/09/2010

ISBN: 1- 9781-4389-3645-1 (sc)
        1- 9781-4389-3646-8 (e)

Library of Congress Control Number: 2009901973

PREFACE

L'une des premières grammaires arabes, dans une forme définitive et complète, a été publiée au 13ème siècle, sous le titre de *al-Alfia* (traité didactique de mille vers) par Ibn Malek (600-673 A.H. / 1203-1274 A.D.). Bien longtemps avant lui, pendant des siècles, des efforts étaient déployés pour le développement d'une grammaire arabe, d'abord dans la ville de Basra au sud de l'Irak. On se réfère à un homme d'état nommé Abdul-Aswad (décédé en 69 A.H. / 785 A.D.) comme étant le premier grammairien dont l'enseignement s'inspira du quatrième Calife, Ali Ibn Abi Taleb (décédé en 40 A.A. /661 A.D.). (*)

Depuis ces temps-là, la grammaire arabe n'a nullement changé. C'est au 16ème siècle, qu'une grammaire arabe a été publiée pour la première fois en Europe, en Espagnol. Mais en 1636, Thomas Erpenius a publié son œuvre définitive, *Grammatica Arabica,* en Latin à Leiden. Une certaine méthodologie qui convenait à l'esprit européen a été suivie, de même qu'une terminologie spécifique a été adoptée, qui devait être appliquée par chaque grammairien non arabophone. Plusieurs grammaires arabes ont été publiées, par la suite, dans différentes langues. Contrairement aux grammaires des autres langues qui ont continué d'évoluer, la grammaire arabe est restée inchangée.

Il est vrai qu'il existe déjà un certain nombre de manuels de grammaire arabe. Il ne serait donc pas nécessaire d'en publier d'autres, étant donné qu'il n'y rien de nouveau à y ajouter.

Pourquoi alors publier encore une autre grammaire arabe ?

v

J'ai toujours été enseignant depuis mon enfance, quand j'ai commencé à enseigner le Coran à d'autres enfants, après l'avoir appris par coeur, moi-même. Plus tard, j'ai étudié la grammaire arabe, principalement dans le traité *al-Alfia.* Aussitôt, j'ai commencé à l'enseigner telle quelle, et exactement de la même manière archaïque que je l'ai apprise vers la fin des années 1950. Je suis parvenu à me faire plus ou moins comprendre, ou je pensais tout simplement que je me faisais comprendre.

Mes cours consistaient en leçons privées ici et là. Mes élèves étaient pour la plupart des non arabophones, mais je ne me suis jamais donné la peine de suivre la méthodologie européenne d'enseignement de la grammaire arabe, ni d'utiliser la terminologie de celle-ci que j'ignorais totalement, jusqu'à ce que j'ai commencé à enseigner l'Arabe d'une façon plus sérieuse et plus structurée aux Nations Unies à Genève, dans un cadre multiculturel complètement différent. Il était, par conséquent, indispensable et impératif pour moi d'apprendre une nouvelle méthode d'enseignement et la terminologie allant de paire avec cette méthode. Ainsi, je me suis procuré plusieurs grammaires arabes dans différentes langues pour l'apprentissage à la fois de la méthodologie et de la terminologie adaptées à l'esprit européen.

Toutes ces grammaires que je me suis appliqué à étudier m'étaient certes d'une grande utilité. Cependant, j'ai rencontré beaucoup de difficultés à les appliquer dans mes cours, car j'ai trouvé qu'elles étaient destinées, en réalité, aux enseignants, aux érudits, en quelque sorte, et non pas, en général, aux étudiants, aux personnes de culture moyenne. Il était donc nécessaire de réadapter cette méthodologie pour répondre à mes propres besoins d'enseignement. Ainsi, j'ai jugé utile et urgent de publier une nouvelle grammaire arabe. J'ai entrepris cette tâche, non seulement en tant qu'enseignant de la langue arabe, mais en tant qu'étudiant de plusieurs autres langues, tout en continuant à approfondir mes connaissances de la langue arabe. Ceci m'a permis de faire des comparaisons entre ces langues d'une part et la langue arabe de l'autre. Toutefois, il est certain que je n'ajoute rien de nouveau à cette grammaire. Tout ce que j'ai à offrir est une présentation et une approche nouvelles, afin de la rendre plus abordable, plus accessible à, et à la portée de, tous. Il s'agit d'une grammaire faite pour les élèves et, en quelque sorte, par les élèves, car, en raison de toutes les questions qu'ils ont soulevées, il fallait trouver d'une manière ou d'une autre des réponses et des explications que je ne trouvais nulle part ailleurs.

Je voudrais également signaler que les exemples utilisés par les grammairiens anciens et repris par les modernes étaient souvent d'un caractère violent, tels que : *Zaid a frappé Amr,* etc. Ce n'était certainement pas la faute des grammairiens, mais le caractère éducatif violent de l'époque qui l'exigeait, j'imagine. C'est la raison pour laquelle j'ai tenu absolument à remplacer tous ces exemples par d'autres plus pacifiques, plus joviaux et plus pratiques.

Les méthodes modernes d'enseignement, qui peuvent être plus pratiques, ne sont certainement pas efficaces. Ceci est révélé par le bas niveau de connaissances de la langue arabe en général, et de la grammaire arabe en particulier, dans le Monde arabe. Le Monde arabe aujourd'hui déplore un taux élevé d'analphabétisme parmi sa population croissante. Un autre problème, dont personne ne se rend compte apparemment, car je n'en ai jamais entendu parler, est la pénurie d'enseignants compétents et qualifiés pour enseigner le bon arabe aussi bien aux étudiants arabophones qu'aux étudiants non arabophones. Connaître bien la langue, telle une personne instruite, n'est pas suffisant. Etre capable de communiquer son savoir est essentiel.

Cette nouvelle édition a été révisée pour améliorer le chapitre sur l'alphabet arabe. Elle a également été augmentée d'une cinquantaine de pages en l'enrichissant de huit chapitres supplémentaires, d'un index détaillé ainsi que d'un lexique de terminologie grammaticale, tous les deux en français et en arabe.

(*) Talmon, Rafael. The first beginnings of Arabic linguistics: the era of the Old Iraqi School. *In*: Auroux, S., et al. *History of the Language Sciences.* Vol. 1. Berlin, New York, Walter de Gruyter, 2000, p. 245-252.

REMERCIEMENTS

Tout d'abord, j'aimerais remercier mes enseignants à l'Institut Ben Badis à Constantine, en Algérie, qui m'ont fait connaître tous les livres classiques de la gr

Alfia. C'était certes un privilège, car aujourd'hui ces classiques ne sont plus utilisés à l'école.

Je voudrais remercier mes nombreux étudiants de tous âges, professions et nationalités dont l'intérêt, l'enthousiasme et les critiques utiles au cours des années m'ont aidé à rédiger ce manuel. En particulier, je remercie mes étudiants aux Nations Unies qui m'ont inspiré à rédiger ce manuel dans sa forme originale, pour l'usage interne, spécialement pour le programme linguistique aux Nations Unies à Genève.

Surtout, je suis très reconnaissant à ma femme qui a assuré la relecture, plusieurs fois, des versions française et anglaise du manuel, pour ses suggestions précieuses, et pour m'avoir conseillé dès le commencement de le publier. Au début, l'idée ne m'enthousiasmait pas, mais elle a continué à m'encourager et à me pousser à le faire pendant vingt ans, sans y renoncer. Elle m'a finalement convaincu, lorsque j'ai recommencé à enseigner en 2007. Son argument était : « Publie le livre par égard pour tes nouveaux étudiants, afin qu'ils puissent en profiter. »

Genève, le 1er juin 2010   Abdallah Nacereddine

ix

Table des Matières (1)

Table des Matières (2)

Table des Matières (3)

Table des Matières (4)

Table des Matières (5)

Table des Matières (6)

Table des Matières (7)

المحتويات (١)

المحتويات (٢)

المحتويات (٣)

المحتويات (٤)

المحتويات (٥)

المحتويات (٦)

المحتويات (٧)

المحتويات (٨)

المحتويات (٩)

المحتويات (١٠)

1. L'ALPHABET

١) اَلْحُرُوفُ الْهِجَائِيَّةُ

L'arabe, comme l'hébreu et le syriaque, s'écrit de droite à gauche. L'alphabet se compose de 28 lettres qui sont toutes des consonnes, bien que trois d'entre elles s'emploient aussi comme voyelles. La plupart de ces consonnes prennent des formes différentes selon qu'elles sont iso-lées, initiales, médiales ou finales.

Nous donnons ci-après des tableaux pour l'écriture de l'alphabet.

1

L' ALPHABET ARABE

Calligraphie (Suivez l'ordre des numéros et des flèches)

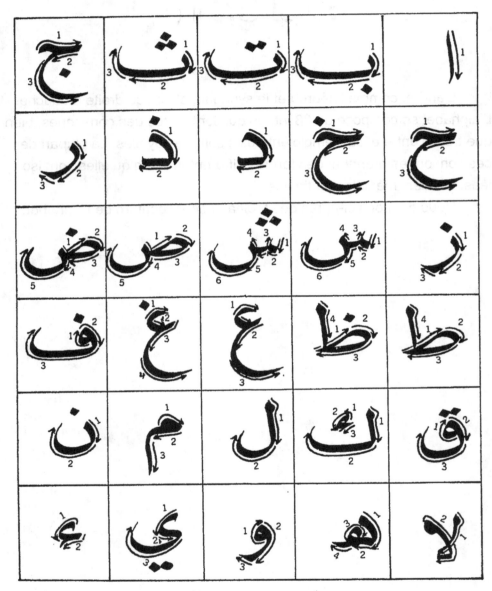

خط توفيق ناصرالدين

Calligraphie de Toufik Nacereddine

Symbole	Nom de la lettre	Transli- tération	Equiva- lent	Example en français ou autre langue	Traduction française de l'exemple arabe	Exemple en arabe
ء	Hamza (1)	'a	ae, u, i	assez, il, or	manger	أَكَلَ
ا	'Alif (2)	'a, u, i	ae, u, i	assez, il, or	fils	اِبْنٌ
ب	Ba'	b	b	bout	commencer	بَدَأَ
ت	Ta'	t	t	tout	laisser	تَرَكَ
ث	Ta'	ṯ	th (anglais)	anglais thank	être certain	ثَبَتَ
ج	Ğim	ğ	j	anglais June	s'asseoir	جَلَسَ
ح	Ha'	ḥ		n'a pas d'équivalent	porter	حَمَلَ
خ	Ha'	ḫ	j jota espagnol, allemand auch		sortir	خَرَجَ
د	Dal	d	d	doux	entrer	دَخَلَ
ذ	Dal	ḏ	th (anglais)	anglais that	aller	ذَهَبَ
ر	Ra'	r	r	rire (en roulant le r)	gagner	رَبِحَ
ز	Zay	z	z	zéro	semer	زَرَعَ
س	Sin	s	s	sous	entendre	سَمِعَ
ش	Šin	š	ch	chat	boire	شَرِبَ

(1) Attaque vocalique. (2) Autrement, *'alif* est utilisée comme voyelle longue.

3

Symbole	Nom de la lettre	Translittération	Equivalent	Example en français ou autre langue	Traduction française de l'exemple arabe	Exemple en arabe
ص	Ṣad	ṣ	d	seau	être patient	صَبَرَ
ض	Ḍad	ḍ	d	dôme	rire	ضَحَكَ
ط	Ṭa'	ṭ	t	tôt	demander	طَلَبَ
ظ	Ẓa'	ẓ	th	anglais those	apparaître	ظَهَرَ
ع	ᶜaïn			n'a pas d'équivalent	savoir	عَرَفَ
غ	Gaïn	ḡ	r français (grasseyé) rire		pardonner	غَفَرَ
ف	Fa'	f	f	fille	comprendre	فَهِمَ
ق	Qaf	q		n'a pas d'équivalent	lire	قَرَأَ
ك	Kaf	k	k	coup	écrire	كَتَبَ
ل	Lãm	l	l	lit	jouer	لَعِبَ
م	Mïm	m	m	mère	défendre	مَنَعَ
ن	Nũn	n	n	nous	regarder	نَظَرَ
ه	Ha'	h	h	anglais hat	se calmer	هَدَأَ
و	Waw	w	w	oiseau	arriver	وَصَلَ
ي	Ya'	y	y	yacht	sécher	يَبِسَ

4

| Séparée | Finale | Médiale | Initiale | | Séparée | Finale | Médiale | Initiale |

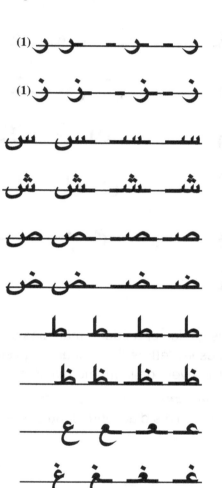

5

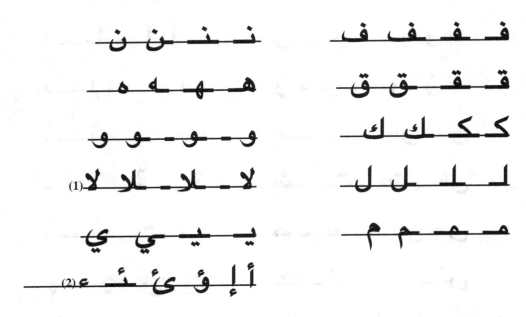

Séparée Finale Médiale Initiale   Séparée Finale Médiale Initiale

(1) Ces lettres s'attachent aux lettres qui les précèdent, mais pas aux lettres qui les suivent. Cependant toutes les lettres de l'alphabet, qu'elles soient manuscrites ou imprimées, s'écrivent de la même manière.

(2) Notez les différentes écritures de la *hamza* : sur une *'alif*, sous une *'alif*, sur une *wāw* ou sur une *yā'* sans points diacritiques, ou seule sur la ligne.

Séparée	Finale	Médiale	Initiale	La lettre
بَدَا	نَمَا	سَالَ	إِسْمٌ	ا
شَرِبَ	كَتَبَ	جَبَلٌ	بِنْتٌ	ب
صَوْتٌ	بِنْتٌ	فَتَحَ	تَبِعَ	ت
حَدَثَ	بَحَثَ	مَثَلٌ	ثَلْجٌ	ث
خَرَجَ	ثَلْجٌ	نَجَحَ	جَلَسَ	ج
صَاحَ	فَتَحَ	بَحَثَ	حَمَلَ	ح
دَاخَ	نَسَخَ	فَخْرٌ	خُبْزٌ	خ
عَادَ	وَلَدٌ	قَدَمٌ	دَخَلَ	د
عَاذَ	نَفَذَ	بَذَلَ	ذَهَبَ	ذ

7

Séparée	Finale	Médiale	Initiale	La lettre
صَارَ	خَبَرٌ	شَرِب	رَجُلٌ	ر
مَوْزٌ	قَفَزَ	نَزَعَ	زَرَعَ	ز
غَرَسَ	جَلَسَ	نَسَجَ	سَكَنَ	س
عَرْشٌ	عَطِشَ	نَشَرَ	شَعَرَ	ش
قُرْصٌ	رَقَصَ	نَصَرَ	صَبَرَ	ص
فَاضَ	بَيْضٌ	حَضَرَ	ضَحِكَ	ض
شَرْطٌ	سَقَطَ	نَطَقَ	طَلَبَ	ط
غَاظَ	حَفِظَ	نَظَرَ	ظَهَرَ	ظ
بَاعَ	سَمِعَ	لَعِبَ	عَرَفَ	ع

Séparée	Finale	Médiale	Initiale	Lettre
فَرَغَ	بَـلَغَ	شَغَل	غَسَلَ	غ
عرَفَ	كَشَفَ	كَفَلَ	فَهمَ	ف
شَرْقٌ	سبَقَ	نَقَل	قَلْبٌ	ق
تَرَكَ	سمَكٌ	سكَنَ	كَلْبٌ	ك
نزَلَ	رجُلٌ	جلَسَ	لَعب	ل
قدَمٌ	فَهمَ	عمَلَ	مثَلٌ	م
قَرنٌ	سكَنَ	بنْتٌ	نَزَلَ	ن
بدَه	وجْهٌ	فَهمَ	هدَأً	هـ
فَروُ	بَهْوُ	يَومٌ	ولَدٌ	و

9

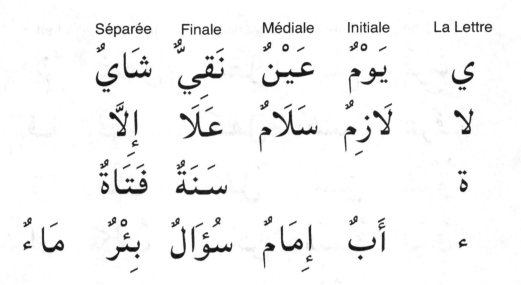

Séparée	Finale	Médiale	Initiale	La Lettre
شَايُ	نَقِيُّ	عَيْنُ	يَوْمُ	ي
إِلَّا	لَازِمُ	سَلَامُ	عَلَا	لا
فَتَاةُ	سَنَةُ			ة
مَاءُ	بِئْرُ	سُؤَالُ	إِمَامُ	أَبُّ	ء

Notez que certaines lettres de l'alphabet s'attachent aux lettres qui les précèdent mais pas aux lettres qui les suivent. Ces lettres sont les suivantes :

ا د ذ ر ز و لا

La *hamza* s'écrit sur une *'alif,* sous une *'alif,* sur une *wāw* ou sur une *yā'* sans points diacritiques, ou seule sur la ligne.

Il n'y a pas de dfférence d'écriture en arabe qu'elle soit imprimée ou manuscrite.

معجم الألفاظ
المستعملة للكتابة

Lexique des mots
utilisés pour l'écriture

				ا
sortir	خَرَجَ	ت		
		suivre	تَبِعَ	père	أَبٌ
د		quitter	تَرَكَ	excepté	إلا
s'étourdir	دَاخَ	ث		imam	إمَامٌ
entrer	دَخَلَ	neige	ثَلْجٌ	nom	اسْمٌ
ذ		ج		ب	
aller	ذَهَبَ	montagne	جَبَلٌ	puits	بِئْرٌ
ر		s'asseoir	جَلَسَ	vendre	بَاعَ
homme	رَجُلٌ	ح		chercher	بَحَثَ
danser	رَقَصَ	survenir	حَدَثَ	sembler	بَدَا
ز		être présent	حَضَرَ	survenir inopinément	بَدَهَ
semer	زَرَعَ	préserver	حَفِظَ	faire des efforts	بَذَلَ
س		porter	حَمَلَ	atteindre	بَلَغَ
question	سُؤَالٌ	خ		fille	بِنْتٌ
couler	سَالَ	nouvelle	خَبَرٌ	hall	بَهْوٌ
précéder	سَبَقَ	pain	خُبْزٌ	oeufs	بَيْضٌ
tomber	سَقَطَ				

12

ش

habiter	سَكَنَ
paix	سَلامٌ
entendre	سَمِعَ
poisson	سَمَكٌ
année	سَنَةٌ
thé	شَايٌ
boire	شَرِبَ
condition	شَرْطٌ
est	شَرْقٌ
éprouver	شَعَرَ
occuper	شَغَلَ

ص

crier	صَاحَ
devenir	صَارَ
patienter	صَبَرَ

voix	صَوْتٌ

ض

rire	ضَحِكَ

ط

demander	طَلَبَ

ظ

apparaître	ظَهَرَ

ع

retourner	عَادَ
trône	عَرْشٌ
savoir	عَرَفَ
avoir soif	عَطِشَ
être haut	عَلا
travailler	عَمِلَ
oeil	عَيْنٌ

غ

outrer	غَاظَ
planter	غَرَسَ
laver	غَسَلَ

ف

déborder	فَاضَ
jeune fille	فَتَاةٌ
ouvrir	فَتَحَ
vider	فَرَغَ
fourrure	فَرْوٌ
comprendre	فَهِمَ

ق

pied	قَدَمٌ
disque	قُرْصٌ
siècle	قَرْنٌ
sauter	قَفَزَ

déscendre	نَزَلَ	coeur	قَلْبٌ
tissers	نَسَجَ		ك
publier	نَشَرَ	écrire	كَتَبَ
aider, assister	نَصَرَ	chien	كَلْبٌ
prononcer	نَطَقَ	découvrir	كَشَفَ
regarder	نَظَرَ	parrainer	كَفَلَ
percer, pénétrer	نَفَذَ		ل
transporter	نَقَلَ	nécessaire	لازِمٌ
pur	نَقِيٌّ	jouer	لَعِبَ
pousser	نَمَا		م
	هـ	eau	ماءٌ
être calme	هَدَأَ	exemple	مَثَلٌ
	و	bananes	مَوْزٌ
visage	وَجْهٌ		ن
garçon	وَلَدٌ	réussir	نَجَحَ
jour	ي	enlever	نَزَعَ

14

2. LES LETTRES GUTTURALES

٢) حُرُوفُ الْحَلْقِ

Les lettres gutturales sont les suivantes:

ء **hamza** (Chapitre 11).

ح **ḥā'** se prononce avec constriction des muscles pharyingiens.

خ **ḫā'** se prononce comme le *ch* allemand dans le mot "*nach*", vers, ou la *j* (*jota*) de l'espagnol dans le mot "*ajo*", ail.

ع **ʿaïn** n'a pas d'équivalent en français; c'est une gutturale très forte. Elle est dite pharyngale.

غ **ġaïn** se prononce comme *r* grasseyé.

ه **hā'** se prononce comme le *h* anglais ou allemand. Elle est dite laryngale.

3. LES LETTRES EMPHATIQUES

٣) اَلْحُرُوفُ الْمُضَخَّمَةُ

Les lettres ص *ṣād,* ض *ḍād,* ط *ṭā',* et ظ *ẓā'* forment un groupe de sons emphatiques qui se prononcent comme س *sīn,* د *dāl,* ت *tā'* et ذ *dāl,* mais avec emphase.

Il faut spécialement noter qu'avec ces consonnes emphatiques, les voyelles *fatḥa, kasra* et *ḍamma* tendent à résonner comme *â* dans *tâche*; *ô* dans *tôt* et *ê* dans *tête*.

16

4. LES VOYELLES COURTES

٤) اَلْحَرَكَاتُ

A l'origine, les Arabes n'avaient pas de signes pour les voyelles courtes. Pour exprimer les voyelles courtes, les signes suivants ont été inventés :

a) **fatḥa** ◌َ est un signe suscrit ayant la valeur de *a,* comme dans *chat.*

b) **kasra** ◌ِ est un signe souscrit ayant la valeur de *i,* comme dans *nid.*

c) **ḍamma** ◌ُ est un signe suscrit ayant la valeur de *ou,* comme dans *bout.*

17

5. LES VOYELLES LONGUES

٥) حُرُوفُ الْمَدِّ

Les voyelles longues ou les lettres de prolongation sont les suivantes :

ا *'alif* pour la prolongation de la consonne ayant comme voyelle courte ـَ *fatha*, ex. دَا *dā*.

و *wāw* pour la prolongation de la consonne ayant comme voyelle courte ـُ *ḍamma*, ex. دُو *dū*.

ي *yā'* pour la prolongation de la consonne ayant comme voyelle courte ـِ *kasra*, ex. دِي *dī*.

6. LE *SUKŪN*

٦) اَلسُّكُونُ

Sukūn ْ est un signe en forme de cercle placé au dessus d'une consonne pour indiquer que cette consonne n'est pas munie de voyelle, ex. كُنْ *kun*, *sois*. Il ne peut pas suivre les voyelles longues, excepté, rarement. dans certaines formes des v*erbes doubles*.

7. LA *ŠADDA* OU LE *TAŠDĪD*

٧) اَلشَّدَّةُ أَوِ التَّشْدِيدُ

On appelle la *šadda* le signe ـّ placé au-dessus d'une consonne pour indiquer le redoublement de cette consonne bien qu'elle soit écrite seulement une fois, ex. مَدَّ *madda,* allonger.

8. LE *TANWĪN*

٨) اَلتَّنْوِينُ

Les trois signes qui représentent les voyelles sont quelquefois redoublés à la fin des noms, et les voyelles finales se lisent comme si elles étaient suivies du son *n*, c'est-à-dire de la consonne ن :

ــً *an*,   ــٍ *in*,   ــٌ *oun*.

Ce redoublement de voyelle s'appelle *tanwīn*.

Lorsque le *tanwīn* est avec la *fatḥa*, on ajoute un *'alif* pour le support du *tanwīn* après toutes les consonnes, excepté ة *tā' marbūṭa*, ء *hamza*, et ى *'alif maqṣūra*, (c'est-à-dire *yā'* sans points diacritiques).

21

9. LES LETTRES SOLAIRES

٩) اَلْحُرُوفُ الشَّمْسِيَّةُ

Les lettres solaires initiales d'un nom assimilent l'article qui les précède et reçoivent un *tašdīd* euphonique. Elles sont au nombre de 14:

ت ث د ذ ر ز س ش ص ض ط ظ ل ن

Au lieu de اَلشَمْسُ *al-šamsu*, le soleil, on écrit اَلشَّمْسُ avec le *tašdīd* de la consonne initiale ش et l'on prononce *aš-šamsu*. La consonne *l*, bien qu'elle soit exprimée en écriture, perd son *sukūn* et n'est pas prononcée; elle est assimilée par la consonne qui la suit.

Ces quatorze lettres sont appelées *lettres solaires*, parce qu'il se trouve que le nom شَمْسُ *soleil,* commence par l'une d'elles.

10. LES LETTRES LUNAIRES

١٠) اَلْحُرُوفُ الْقَمَرِيَّةُ

Les lettres lunaires initiales d'un nom n'assimilent pas l'article qui les précède et ne reçoivent pas par conséquent le *tašdīd*. Elles sont au nombre de 14 :

أ ب ج ح خ ع غ ف ق ك م ه و ي

Ainsi, on écrit اَلْقَمَرُ *al-qamru, la lune,* et on prononce *al-qamru,* comme c'est écrit, sans le redoublement de la consonne ق, et le ل de l'article conserve son *sukūn.*

Ces quatorze lettres sont appelées *lettres lunaires,* parce qu'il se trouve que le nom قَمَرُ *lune,* commence par l'une d'elles.

11. LA *HAMZA*

(١١) اَلْهَمْزَةُ

La *Hamza* ء est la consonne qui indique une fermeture de la glotte en fermant complètement les cordes vocales, puis en les ouvrant subitement. C'est une consonne comme les autres consonnes de l'alphabet. Les règles concernant l'écriture de la *hamza* sont complexes.

La *hamza* sera étudiée en détail dans un autre chapitre. Nous donnons ci-après quelques explications :

La *hamza* initiale est toujours écrite sur ou sous l'*alif*, exemple : أ 'a, أ 'u, إ 'i.

12. LA *MADDA*

١٢) اَلْمَدَّةُ

Quand une *'alif* affectée d'une *fatha* est suivie d'une *'alif* de prolongation, au lieu d'écrire deux *'alif*, on n'en écrit qu'une seule surmontée d'une *madda* (une *'alif* horizontale). Ainsi, on écrit آ *'ā*, au lieu de
اأ.

Ceci se produit également quand, au commencement d'une syl-
labe, une *'alif* affectée d'une *hamza* et d'une *fatha* est suivie d'une *'alif*
hamzée affectée d'un *sukūn*. Ainsi, on écrit : آ *'ā*, au lieu de أأ.

13. L'*ALIF* PROSTHETIQUE

١٣) هَمْزَةُ الْوَصْلِ

Pour éviter de commencer certains mots par deux consonnes, on leur prépose, par euphonie, une *'alif prosthétique* affectée d'une voyelle instable : *kasra, ḍamma* ou *fatḥa,* sans *hamza*, lorsque ces mots se trouvent isolés ou au début d'une phrase, ex.

اتَّفَقْنَا *nous nous sommes mis d'accord.*

Cependant, la voyelle disparaît lorsque les mots commençant par deux consonnes se trouvent au milieu d'un discours continu et l'*'alif* prend alors une *waṣla,* (voir Chapitre : La *waṣla*), ex.

ثُمَّ اتَّفَقْنَا *puis, nous nous sommes mis d'accord.*

(Remarque : la *waṣla* ne s'emploie plus en arabe moderne. Ici, les grammairiens arabes parlent plutôt de *hamzatu 1-waṣl,* c'est-à-dire, la *hamza de liaison.*

14. LA *WASLA*

١٤) الْوَصْلَةُ

A la place de la *hamza* et de sa voyelle, le signe (‍) *wasla* (liaison) est écrit sur une *'alif* d'un mot précédé d'un autre pour indiquer l'élision d'une voyelle précédée d'une autre. Au cas où le mot précédent ne se termine pas par une voyelle, on lui attribue une pour rendre l'élision possible. Ainsi, on lit :

يَبْتَسِمُ الْوَلَدُ *yabtasimu l-waladu, l'enfant sourit*, au lieu de

يَبْتَسِمُ أَلْوَلَدُ *yabtasimu 'al-waladu*. A noter que la *wasla* n'est pas souvent employée en arabe moderne.

15. *TA' MARBŪṬA*

١٥) اَلتَّاءُ الْمَرْبُوطَةُ

Tā' marbūṭa ة est écrite comme une ه *hā'*, surmontée, cependant, par deux points diacritiques. Cette *ta* ا l'n'est pas prononcée en arabe moderne, sauf lorsqu'elle est suivie d'un mot commençant par une voyelle.

En arabe classique, elle n'était pas prononcée en pause, c'est-à-dire à la fin d'une phrase, et devint simplement la voyelle courte *a*. Elle sert à la forme féminine :

طَالِبٌ *étudiant*, طَالِبَةٌ *étudiante*;

قِطٌّ *chat*, قِطَّةٌ *chatte*.

Elle sert également à former le *nom d'unité* :

نَحْلٌ *des abeilles*; نَحْلَةٌ *une abeille*;

بُرْتْقَالٌ *des oranges*; بُرْتْقَالَةٌ *une orange*.

16. LA CONTRACTION

١٦) الْإِدْغَامُ

La **contraction** الْإِدْغَامُ se produit lorsque le *tas}di\d* euphonique s'emploie pour remplacer une consonne, bien qu'elle soit exprimée en écriture, lorsque les sons ou groupe de sons paraissent durs à l'oreille.

Elle a lieu dans des noms déterminés par l'article اَل et commençant par une lettre solaire.

Cette assimilation peut s'étendre aux consonnes d'une enonciation comparable, ex.

عُدْتُ à la place de عُدْتُ *je suis revenu(e)*.

هَلْ رَأَيْتَ ؟ à la place de هَلْ رَأَيْتَ ؟ *as-tu vu ?*

أَخَذْتُ à la place de أَخَذْتُ *j'ai pris*.

مِمَّا à la place de مِنْ مَا *de ce que*.

A noter que ن combinée avec م n'est souvent pas écrite.

17. LES SIGNES DE PONCTUATION

١٧) عَلَامَاتُ الْوَقْفِ

Les **signes de ponctuation** n'existaient pas en arabe. Depuis quelques décennies, les Arabes ont imité les Européens en utilisant les signes de ponctuation. Souvent ils les écrivent à l'envers.

Exemple :

virgule ، اَلْفَاصِلَةُ

point-virgule ؛ اَلْقَاطِعَةُ

deux points : اَلنُّقْطَتَانِ

point . اَلنُّقْطَةُ

point d'exclamation ! عَلَامَةُ التَّعَجُّبِ

guillemets " " اَلْمُزْدَوِجَانِ

parenthèses ( ) اَلْقَوْسَانِ

point d'interrogation ؟ عَلَامَةُ الْاِسْتِفْهَامِ

tiret – اَلْعَارِضَةُ

points de suspension ... نُقَطُ الْحَذْفِ

Ils ont été proposés par le Ministère de l'instruction publique de l'Egypte en 1930.

18. LES PRONOMS PERSONNELS

١٨) اَلضَّمَائِرُ

Qu'est-ce qu'un pronom ? Le pronom est un mot qui souvent représente un nom, un adjectif, une idée ou une proposition exprimés avant ou après lui.

Etant donné qu'il y a en arabe trois personnes (la première, la deuxième et la troisième); trois nombres (le singulier, le duel et le pluriel), et deux genres (le masculin et le féminin), il devrait y avoir, en tout dixt-huit pronoms personnels (3x3x2=18). Cependant il n'y a que douze pronoms.

Il existe trois catégories de pronoms personnels : 1) *les pronoms personnels isolés du nominatif;* 2) *les pronoms personnels affixes de l'accusatif, datif et génitif;* 3) *les pronoms personnels séparés composés de l'accusatif.*

19. LES PRONOMS PERSONNELS
ISOLES DU NOMINATIF

$$ ١٩) ضَمَائِرُ الرَّفْعِ الْمُنْفَصِلَةُ $$

Le tableau ci-après présente les pronoms personnels isolés du nominatif.

3ème personne		2ème personne		1ère personne	
lui	هُوَ	toi, m.	أَنْتَ	moi	أَنَا
elle	هِيَ	toi, f.	أَنْتِ	nous	نَحْنُ
eux, elles, d.	هُمَا	vous, d.	أَنْتُمَا		
eux, pl.	هُمْ	vous, m.pl.	أَنْتُمْ		
elles, pl.	هُنَّ	vous, f.pl.	أَنْتُنَّ		

20. LES PRONOMS
PERSONNELS AFFIXES

٢٠) اَلضَّمَائِرُ الْمُتَّصِلَةُ

Le tableau ci-après présente les pronoms personnels affixes de l'accusatif, du datif et du génitif.

3ème personne		2ème personne		1ère personne	
m.s.	هُ	m.s.	كَ	s.	ي، نِي(1)
f.s.	هَا	f.s.	كِ	p.	نَا
d.	هُمَا	d.	كُمَا		
m.p.	هُمْ	m.p.	كُمْ		
f.p.	هُنَّ	f.p.	كُنَّ		

(1) ي affixé au nom; نِي affixé au verbe. (Voir l'exemple ci-après).

21. L'EMPLOI DES PRONOMS PERSONNELS AFFIXES

٢١) اِسْتِعْمَالُ الضَّمَائِرِ الْمُتَّصِلَةِ

		Equivalents des pronoms personnels affixes كَمَجْرُور Object indirect	كَمَفْعُول به Object direct	اَلضَّمِيرُ كَمُضَاف إِلَيْه Possessif	Pronom
1P	s.	يَتَكَلَّمُ مَعِي (3)	يَفْهَمُنِي (2)	مُعَلِّمِي (1)	ي ني
	p.	يَتَكَلَّمُ مَعَنَا	يَفْهَمُنَا	مُعَلِّمُنَا	نَا
2P	m.s.	يَتَكَلَّمُ مَعَكَ	يَفْهَمُكَ	مُعَلِّمُكَ	كَ
	f.s.	يَتَكَلَّمُ مَعَكِ	يَفْهَمُكِ	مُعَلِّمُكِ	كِ
	d.	يَتَكَلَّمُ مَعَكُمَا	يَفْهَمُكُمَا	مُعَلِّمُكُمَا	كُمَا
	m.p.	يَتَكَلَّمُ مَعَكُمْ	يَفْهَمُكُمْ	مُعَلِّمُكُمْ	كُمْ
	f.p.	يَتَكَلَّمُ مَعَكُنَّ	يَفْهَمُكُنَّ	مُعَلِّمُكُنَّ	كُنَّ
3P	s	يَتَكَلَّمُ مَعَهُ	يَفْهَمُهُ	مُعَلِّمُهُ	هُ
	f.s.	يَتَكَلَّمُ مَعَهَا	يَفْهَمُهَا	مُعَلِّمُهَا	هَا
	d.	يَتَكَلَّمُ مَعَهُمَا	يَفْهَمُهُمَا	مُعَلِّمُهُمَا	هُمَا
	m.p.	يَتَكَلَّمُ مَعَهُمْ	يَفْهَمُهُمْ	مُعَلِّمُهُمْ	هُمْ
	f.p.	يَتَكَلَّمُ مَعَهُنَّ	يَفْهَمُهُنَّ	مُعَلِّمُهُنَّ	هُنَّ

(1) Mon professeur - (2) Il me comprend - (3) Il parle avec moi.

34

22. LES PRONOMS PERSONNELS COMPOSES

٢٢) اَلضَّمَائِرُ الْمُرَكَّبَةُ أَوْ ضَمَائِرُ النَّصْبِ الْمُنْفَصِلَةُ

Les pronoms personnels composés de l'accusatif sont formés de l'élément إِيَّا suivi de pronoms affixes. Ce sont :

3ème personne		2ème personne		1ère personne	
m.s.	إِيَّاهُ	m.	إِيَّاكَ	s.	إِيَّايَ
f.s.	إِيَّاهَا	f.	إِيَّاكِ	p.	إِيَّانَا
d.	إِيَّاهُمَا	d.	إِيَّاكُمَا		
m.p.	إِيَّاهُمْ	m.pl.	إِيَّاكُمْ		
f.p.	إِيَّاهُنَّ	f.pl.	إِيَّاكُنَّ		

Ces pronoms s'emploient quand un verbe régit deux pronoms faisant fonction de compléments directs : on peut dire أَعْطَانِي إِيَّاهُ au lieu de أَعْطَانِيهِ *il me le donna* (littéralement : *il donna me le*).

23. LES PARTIES DU DISCOURS

٢٣) أَقْسَامُ الْكَلَامِ

Le discours, en arabe, se compose de trois parties : 1) **le nom**, 2) **le verbe**, 3) **la préposition**.

1) **Le nom** الْإِسْمُ ou substantif est le mot qui sert à désigner, à "nommer" les êtres animés, les choses, les actions, les sentiments, les qualités.

2) **Le verbe** الْفِعْلُ est un mot qui exprime, soit l'action faite ou subie par le sujet, soit l'existence ou l'état du sujet, soit l'union de l'attribut au sujet.

3) **La préposition** الْحَرْفُ est un mot invariable qui sert ordinairement à introduire un élément qu'il relie et subordonne, par tel ou tel support, à un autre élément de la phrase.

24. LA FORMATION DES MOTS

٢٤) تَكْوِينُ الْكَلِمَاتِ

Le trait le plus caractéristique de la langue arabe est que la plupart des mots sont formés à partir de racines (ou peuvent être ramenés à des racines) dont chacune est composée de trois consonnes ou lettres radicales représentées par ف pour la 1ère radicale, ع pour la 2ème radicale et ل pour la 3ème radicale.

En utilisant ces radicales comme base, en variant les trois voyelles, et en ajoutant des préfixes, infixes et suffixes, selon certains schèmes modèles, l'on forme des mots.

Ces trois consonnes radicales correspondent à la troisième personne du masculin singulier du verbe à l'accompli (Chapitre 30) et représentent le mieux la racine nue, dépouillée de tout élement de dérivation.

Ainsi, la racine **ktb**, qui exprime l'idée d'écrire, se lit **kataba**, et signale, en fait, "il a écrit".

25. L'INDEFINITION ET
LA DEFINITION

٢٥) اَلنَّكِرَةُ وَالْمَعْرِفَةُ

Il n'y a pas d'article indéfini en arabe, mais la présence du **tanwiln** à la fin d'un mot indique l'indéfinition, ex. قَلَمٌ *une plume* رَجلٌ *un homme*.

Cependant, pour le duel et le masculin pluriel sain (voir Chapitre : *Le nombre des noms*), c'est l'absence de l'article اَلْ qui indique l'indéfinition.

Un nom est déterminé s'il est précédé de أَلْ , ex. اَلْبِنْتُ *la fille* اَلْوَلَدُ *le garçon*. Le nom déterminé perd son **tanwīn**.

La *hamza* de l'article est *hamzatu 1-waṣl* (Chapitres 14 et 13). Par conséquent, il disparaît lorsqu'il suit un autre mot, et la لـ "l" est prononcée immédiatement après la voyelle finale du mot précédent, ex.

يَبْتَسِمُ الْوَلَدُ وَالْبِنْتُ *le garçon et la fille sourient.*

(lire : *yabtasimu-lwaladu wa-lbintu*).

26. LE GENRE

٢٦) اَلْمُذَكَّرُ وَالْمُؤَنَّثُ

Il y a seulement deux genres en arabe : le **masculin** et le **féminin**.

En général, le nom masculin n'a pas de désinences spéciales. On reconnaît qu'un nom est masculin lorsqu'il n'appartient pas aux catégories suivantes :

a) noms **féminins par la signification** : les noms de femmes et des femelles des animaux, ex. أُمٌّ *mère,* عَرُوسٌ *mariée;*

b) noms **féminins par la forme** : les noms ayant la désinence féminine principale qui est ة *tā' marbūṭa,* ex. مُعَلِّمٌ *enseignant,* مُعَلِّمَةٌ *enseignante;*

c) noms **féminins par l'usage** : les noms appartenant aux catégories suivantes:

(i) **noms géographiques** : ex. مِصْرُ *Egypte,* تُونِسُ *Tunis* ou *Tunisie;*

(ii) les **parties du corps,** ex. عَيْنٌ *oeil,* يَدٌ *main;*

(iii) **certains noms** sont féminins **sans aucune raison apparente,** ex. شَمْسٌ *soleil,* أَرْضٌ *terre.* Dans cette catégorie, il y a quelques mots qui peuvent être masculins ou féminins, ex. طَرِيقٌ *chemin, route,* حَالٌ *condition,* سُوقٌ *marché.*

39

27. LE NOMBRE DES NOMS

٢٧) اَلْمُفْرَدُ وَالْمُثَنَّى وَالْجَمْعُ

Les noms ont trois nombres en arabe :

1) le **singulier** qui s'emploie pour désigner une personne, un animal ou un objet;

2) le **duel** qui s'emploie pour désigner deux personnes, deux animaux ou deux objets. Il se forme en ajoutant au singulier la terminaison اَنِ au cas nominatif, et يْنِ aux cas obliques, c'est- à-dire l'accusatif, le datif et le génitif, ex. طَالِبٌ *un étudiant,* طَالِبَانِ et طَالِبَيْنِ *deux étudiants;*

3) le **pluriel** qui consiste en deux types de pluriel :

a) le **pluriel sain** qui a différentes formes, masculine et féminine, et chacune d'eux en a seulement une forme :

(i) le **pluriel masculin sain** se forme en ajoutantzz وُنَ au cas nominatif, et يِنَ aux cas obliques, ex. مُعَلِّمٌ *un enseignant,*

40

مُعَلِّمُونَ et مُعَلِّمِينَ d*es enseignants* (trois ou plus);

(ii) le **pluriel féminin sain** qui se forme en ajoutant ـَاتٌ au cas nomi- natif, et ـَاتٍ au cas obliques, ex. مُعَلِّمَةٌ *une enseignante,* مُعَلِّمَاتٍ *des enseignantes* (trois ou plus).

b) le **pluriel brisé**. Il est appelé ainsi, car il est plus au moins une déformation du singulier. Il se forme par l'addition ou l'élision de con-sonnes, ou par le changement de voyelles, ex. رَجُلٌ *un homme,* رِجَالٌ *des hommes*; دَرْسٌ *une leçon,* دُرُوسٌ *des leçons*; إِمْرَأَةٌ *une femme* نِسَاءٌ *des femmes.*

28. LES NOMBRES, LE GENRE
ET LES PERSONNES

٢٨) اَلْجِنْسُ وَالْعَدَدُ وَالْأَشْخَاصُ

Le tableau ci-après illustre les trois nombres : le singulier, le duel et le pluriel; les deux genres : le masculin et le féminin; les trois personnes : la première, la deuxième et la troisième.

Nombre et Genre		3ère personne	2ème personne	1ère personne
m.s.	مَسْرُورٌ (1)	هُوَ	أَنْتَ	أَنَا
f.s.	مَسْرُورَةٌ	هِيَ	أَنْتِ	«
m.d.	مَسْرُورَانِ	هُمَا	أَنْتُمَا	نَحْنُ
f.d.	مَسْرُورَتَانِ	«	«	«
m.p.	مَسْرُورُونَ	هُمْ	أَنْتُمْ	«
f.p.	مَسْرُورَاتٌ	هُنَّ	أَنْتُنَّ	«

(1) *content*

42

29. LES TEMPS

٢٩) تَقْسِيمُ الْفِعْلِ بِاعْتِبَارِ زَمَنِهِ

Il convient de remarquer que la notion du temps en arabe, comme dans les autres langues sémitiques, n'a pas une position solide, ce qui en rend l'étude plus facile. Cependant, les temps n'ont pas, comme dans les langues indo-européennes, une signification précise.

Le verbe a deux temps ou aspects :

اَلْفِعْلُ الْمَاضِي l'**accompli** indique le fait accompli, c'est-à-dire l'achèvement d'une action ou la pleine réalisation d'un fait.

اَلْفِعْلُ الْمُضَارِعُ l'**inaccompli** indique un fait inaccompli, c'est-à-dire l'inachèvement d'une action ou l'incomplète réalisation d'un fait.

فِعْلُ الْأَمْرِ l'**impératif** qui exprime l'ordre ou la demande ou la prière. C'est une modification de l'inaccompli.

30. L'ACCOMPLI

٣٠) اَلْفِعْلُ الْمَاضِي

L'**accompli** se forme en supprimant la dernière voyelle de l'inaccompli de la troisième personne du masculin singulier, et en ajoutant à la racine les terminaisons suivantes :

3ème personne		2ème personne		1ère personne	
m.s.	ـَ	m.s.	ـْتَ	s.	ـْتُ
f.s.	ـَتْ	f.s.	ـْتِ	p.	ـْنَا
m.d	ـَا	d.	ـْتُمَا		
f.d	ـَتَا	m.p.	ـْتُمْ		
m.p.	ـُوا	f.p.	ـْتُنَّ		
f.p.	ـْنَ				

31. Conjugaison du verbe *écrire* à l'accompli

٣١) تَصْرِيف فِعْلِ كَتَب فِي الْمَاضِي

(1)

		(1)		
1P.	s.	ـْتُ	كَتَبْتُ	أَنَا
	p.	ـْنَا	كَتَبْنَا	نَحْنُ
2P.	m.s.	ـْتَ	كَتَبْتَ	أَنْتَ
	f.s.	ـْتِ	كَتَبْتِ	أَنْتِ
	d.	ـْتُمَا	كَتَبْتُمَا	أَنْتُمَا
	m.p.	ـْتُمْ	كَتَبْتُمْ	أَنْتُمْ
	f.p.	ـْتُنَّ	كَتَبْتُنَّ	أَنْتُنَّ
3P.	m.s.	ـَ	كَتَبَ	هُوَ
	f.s.	ـَتْ	كَتَبَتْ	هِيَ
	m.d.	ـَا	كَتَبَا	هُمَا
	f.d.	ـَتَا	كَتَبَتَا	هُمَا
	m.p.	ـُوا	كَتَبُوا	هُمْ
	f.p.	ـْنَ	كَتَبْنَ	هُنَّ

(1) La voyelle de la dernière radicale et le suffixe.

Remarque: L'accompli a seulement le suffixe; il n'a pas de préfixe.

32. L'INACCOMPLI

٣٢) اَلْفِعْلُ الْمُضَارِعُ

A l'accompli, les différentes personnes sont exprimées par des suffixes, tandis qu'à l'**inaccompli**, elles sont exprimées par des préfixes, et quelque fois par des suffixes pour indiquer le nombre et le genre, comme le montre le tableau suivant :

3ème personne		2ème personne		1ère personne	
m.s.	يَـ ـُ	m.s.	تَـ ـُ	s.	أَـ ـُ
f.s.	تَـ ـُ	f.s.	تَـ ـينَ	p.	نَـ ـُ
m.d	يَـ ـَانِ	d.	تَـ ـَانِ		
f.d	تَـ ـَانِ	m.p.	تَـ ـُونَ		
m.p.	يَـ ـُونَ	f.p.	تَـ ـْنَ		
f.p.	يَـ ـْنَ				

46

33. Conjugaison du verbe *écrire* à l'inaccompli

٣٣) تَصْرِيف فِعْلِ كَتَبَ فِي الْمُضَارِعِ

	(2)		(1)	
1P. s.	ُ	أَكْتُبُ	أَ	أَنَا
p.	ُ	نَكْتُبُ	نَ	نَحْنُ
2P. m.s.	ُ	تَكْتُبُ	تَ	أَنْتَ
f.s.	ِينَ	تَكْتُبِينَ	تَ	أَنْتِ
d.	َانِ	تَكْتُبَانِ	تَ	أَنْتُمَا
m.p.	ُونَ	تَكْتُبُونَ	تَ	أَنْتُمْ
f.p.	ْنَ	تَكْتُبْنَ	تَ	أَنْتُنَّ
3P. m.s.	ُ	يَكْتُبُ	يَ	هُوَ
f.s.	ُ	تَكْتُبُ	تَ	هِيَ
m.d.	َانِ	يَكْتُبَانِ	يَ	هُمَا
f.d.	َانِ	تَكْتُبَانِ	تَ	هُمَا
m.p.	ُونَ	يَكْتُبُونَ	يَ	هُمْ
f.p.	ْنَ	يَكْتُبْنَ	يَ	هُنَّ

(1) Le préfixe.
(2) La voyelle de la dernière radicale et le suffixe.
Remarque: Le singulier et la 1ère personne du pluriel n'ont pas de suffixe.

34. L'IMPERATIF

٣٤) فِعْلُ الْأَمْرِ

L'**impératif** se forme à partir du jussif (Chapitre 62); mais comme il commence par deux consonnes, il prend une *'alif prosthétique* affectée d'une voyelle qui peut-être une *kasra,* si la voyelle de la deuxième radicale est une *fatha* ou une *kasra,* ou une *damma,* si la voyelle de la deuxième radicale est une *damma,* comme le montre le tableau suivant :

2ème personne

m.s.	(3)	اُكْتُبْ	(2)	اِجْلِسْ	(1) اِفْتَحْ
f.s.		اُكْتُبِي		اِجْلِسِي	اِفْتَحِي
d.		اُكْتُبَا		اِجْلِسَا	اِفْتَحَا
m.p.		اُكْتُبُوا		اِجْلِسُوا	اِفْتَحُوا
f.p.		اُكْتُبْنَ		اِجْلِسْنَ	اِفْتَحْنَ

(3) *écrire*   (2) *s'asseoir*   (1) *ouvrir*

48

35. LA PHRASE VERBALE

٣٥) اَلْجُمْلَةُ الْفِعْلِيَّةُ

On appelle **phrase verbale**, toute phrase commençant par un verbe suivi de son sujet. Dans l'ordre normal de la phrase en arabe, le verbe vient en premier.

Il est à noter plus particulièrement que lorsque **le verbe de la troisième personne vient avant le sujet, il se met toujours au singulier masculin ou féminin, selon le sujet**. En d'autres termes, quand le verbe précède le sujet, il s'accorde avec lui en genre, mais pas en nombre. Comparez les deux verbes, précédant et suivant le sujet dans chacune des phrases suivantes :

تَجْلِسُ الْمُعَلِّمَةُ وَتَكْتُبُ	يَجْلِسُ الْمُعَلِّمُ وَيَكْتُبُ
تَجْلِسُ الْمُعَلِّمَتَانِ وتكتبانِ	يَجْلِسُ الْمُعَلِّمَانِ وَيَكْتُبَانِ
تَجْلِسُ الْمُعَلِّمَاتُ وَيَكْتُبْنَ	يَجْلِسُ الْمُعَلِّمُونَ وَيَكْتُبُونَ

Le professeur s'assied et écrit (masculin et féminin, singulier, duel et pluriel).

49

36. LE SUJET DE
LA PHRASE VERBALE

٣٦) اَلْفَاعِلُ

Le **sujet** d'une phrase verbale est un nom précédé d'un verbe, indiquant celui qui fait l'action. Il prend le cas nominatif, c'est-à-dire *ḍamma* ـُ, ex.

يَلْعَبُ الطِّفْلُ   *l'enfant joue.*

تَكْتُبُ الْمُعَلِّمَةُ   *l'enseignante écrit.*

يَقْرَأُ الطَّالِبُ   *l'étudiant lit.*

يَنْبَحُ الْكَلْبُ   *le chien aboie.*

تَنْمُو النَّبَاتَاتُ   *les plantes poussent.*

37. LE COMPLEMENT
D'OBJET DIRECT

٣٧) اَلْمَفْعُولُ بِهِ

Le **complément d'objet direct** est un nom ou le substitut d'u nom
sur lequel se passe l'action du sujet, exprimée par un verbe transitif. Il
prend l'accusatif, c'est-à-dire *fatha* ◌َ, ex.

يَقْرَأُ كِتَاباً

il lit un livre.

يَقْرَأُ الْكِتَابَ

il lit le livre.

نَتَعَلَّمُ لُغَةً

nous apprenons une langue.

يَأْكُلُ الْخُبْزَ

il mange le pain.

يَشْرَبُ الْمَاءَ

il boit de l'eau.

38. LE COMPLEMENT D'OBJET INDIRECT

٣٨) اَلْمَجْرُورُ

Le **complément d'objet indirect,** ou le complément d'une préposition, est un nom ou le substitut d'un nom qui suit une préposition. Il prend le datif, c'est-à-dire *kasra* ـِ, ex.

أَذْهَبُ إِلَى الْمَدْرَسَةِ *je vais à l'école.*

نَعْمَلُ فِي مُنَظَّمَةٍ *nous travaillons dans une organisation..*

يَنْظُرُ إِلَى الْخَرِيطَةِ *il regarde la carte.*

تَسْكُنِينَ فِي مَنْزِلٍ *tu habites dans une maison.*

نَكْتُبُ بِالْقَلَمِ *nous écrivons avec un stylo.*

52

39. L'ANNEXION

٣٩) اَلْإِضَافَةُ

Un nom suivi d'un autre nom ou pronom en état d'**annexion**, en d'autres termes, quand un nom est annexé à un autre nom ou pronom, perd automatiquement son *tanwīn*, ou sa ن au duel et au masculin pluriel sain, et, étant déterminé par l'annexion, il perd naturellement l'article ال, ex.

كِتَابُ الطَّالِب *le livre de l'étudiant*

كِتَابُهُ *son livre* (litt. *le livre de lui*)

Le mot suivant, ou le deuxième terme de l'annexion, c'est-à-dire le génitif, peut se terminer par un *tanwīn*, ou être préfixé de l'article ال , selon qu'il est indéfini ou défini, à moins qu'il ne soit, lui-même, suivi d'un autre nom ou pronom, ex.

كِتَابُ طَالِبٍ *le livre d'un étudiant.*

كِتَابُ الطَّالِبِ *le livre de l'étudiant.*

53

كِتَابُ طَالِبِ اللُّغَةِ الْعَرَبِيَّةِ *le livre de l'étudiant d'arabe.*

كِتَابُ طَالِبِكَ *le livre de ton étudiant.*

C'est la règle de *'idafa* (annexion) que rien ne doit s'interposer entre le nom et son complément. Si le nom est associé à un adjectif qualificatif, à un démonstratif ou à un nombre, ceux-ci doivent se placer après le complément de nom ou le complément pronominal, ex.

مُعَلِّمُ الْعَرَبِيَّةِ الْجَدِيدُ *le nouveau professeur d'arabe.*

مُعَلِّمُ الْعَرَبِيَّةِ هَذَا *ce professeur d'arabe.*

مُعَلِّمُو الْعَرَبِيَّةِ الثَّلَاثَةُ *les trois professeurs d'arabe.*

40. LES CAS OU
LA DECLINAISON DU NOM

٤٠) اَلرَّفْعُ وَالنَّصْبُ وَالْجَرُّ

Il y a trois cas en arabe. Ils se distinguent uniquement par le changement de la voyelle de la consonne finale, excepté au duel et au pluriel masculin sain. Ces cas sont les suivants :

a) le **cas nominatif** qui se caractérise par la désinence *ḍamma* ُ, ex.

طَالبٌ *un étudiant.*

اَلطَّالبُ *l'étudiant.*

b) le **cas accusatif** qui se caractérise par la désinence *fatḥa* َ, ex.

طَالباً *un étudiant.*

اَلطَّالبَ *l'étudiant.*

Il est à noter que le *tanwīn* ً est supporté par une *'alif* أ ;

c) le **cas datif** et **génitif** qui se caractérisent par la désinence

kasra ِ, ex.

مَعَ طَالبٍ *avec un étudiant.*

مَعَ الطَّالبِ *avec l'étudiant.*

55

41. LA DECLINAISON DU DUEL

٤١) إِعْرَابُ الْمُثَنَّى

Le duel se décline comme suit, et prend

a) ‏ـَانِ‏ au cas nominatif, ex.

يَتَشَابَهُ التَّوْأَمَانِ   *les jumeaux se ressemblent.*

b) ‏ـَيْنِ‏ aux cas obliques, ex.

أَعْرِفُ التَّوْأَمَيْنِ   *je connais les jumeaux.*

أَتَكَلَّمُ مَعَ التَّوْأَمَيْنِ   *je parle avec les jumeaux.*

هَذِهِ غُرْفَةُ التَّوْأَمَيْنِ   *voici la chambre des jumeaux .*

A noter que lorsque le duel est annexé, l'article ‏ال‏ et la ‏ن‏ disparaissent, ex.

هُمَا وَالِدَا التِّلْمِيذِ   *voici les parents de l'élève.*

أَعْرِفُ وَالِدَيْ التِّلْمِيذِ   *je connais les parents de l'élève.*

يُحِبُّ وَالِدَيْهِ   *il aime ses parents.*

56

42. LA DECLINAISON DU MASCULIN PLURIEL SAIN

٤٢) إِعْرَابُ جَمْعِ الْمُذَكَّرِ السَّالِمِ

Le **masculin pluriel sain** se décline comme suit, et prend

a) ـُونَ aux cas nominatif, ex.

يَكْتُبُ الْمُعَلِّمُونَ *les professeurs écrivent.*

b) ـِينَ aux cas obliques, ex.

أَعْرِفُ الْمُعَلِّمينَ *je connais les professeurs.*

أَتَكَلَّمُ مَعَ الْمُعَلِّمينَ *je parle avec les professeur.*

هَذِهِ قَاعَةُ الْمُعَلِّمينَ *c'est la salle des professeurs.*

A noter que lorsque le masculin pluriel sain est annexé, l'article ال

et la ن disparaissent, ex.

هُمْ مُعَلِّمُو الْعَرَبِيَّةِ *ils sont des professeurs d'arabe.*

أَعْرِفُ مُعَلِّمِي الْعَرَبِيَّةِ *je connais les professeurs d'arabe.*

نُحِبُّ مُعَلِّمِينَا *nous aimons nos professeurs.*

43. LA DECLINAISON DU
FEMININ PLURIEL SAIN

٤٣) إِعْرَابُ جَمْعِ الْمُؤَنَّثِ السَّالِمِ

Le **féminin pluriel sain** se décline comme suit, et prend

a) ـُ aux cas nominatif, ex.

تَكْتُبُ الْمُعَلِّمَاتُ *les enseignantes écrivent.*

b) ـِ aux cas obliques, ex.

أَعْرِفُ الْمُعَلِّمَاتِ *je connais les enseignantes.*

أَتَكَلَّمُ مَعَ الْمُعَلِّمَاتِ *je parle avec les enseignantes.*

هَذِهِ قَاعَةُ الْمُعَلِّمَاتِ *c'est la salle des enseignantes.*

Rappelez-vous : le féminin pluriel sain ne prend jamais *fatḥa*. Il

prend seulement *ḍamma* au cas nominatif, et *kasra* aux cas obliques,

c'est-à-dire à l'accusatif, au datif et au génitif.

44. LA DECLINAISON DES CINQ NOMS

٤٤) إِعْرَابُ الْأَسْمَاءِ الْخَمْسَةِ

Les trois noms أَبٌ *père*; أَخٌ *frère*; حَمٌ *beau-père*, suivis d'un complément déterminatif nominal ou d'un pronom suffixe autre que celui de la première personne du singulier, se déclinent, après suppression du *tanwīn,* par le signe d'allongement de la voyelle du cas, ex.

Nom.	حَمُوهُ	أَخُوهُ	أَبُوهُ
Acc.	حَمَاهُ	أَخَاهُ	أَبَاهُ
Gén.	حَمِيهِ	أَخِيهِ	أَبِيهِ

Le nom ذُو *possesseur*, qui s'emploie toujours avec un complément dé- terminatif nominal, se décline à l'accusatif ذَا, et au génitif ذِي.

Le nom فَمٌ *bouche*, dérivé de la racine فُوهُ ou فَوَهُ, peut se décliner comme les quatre mots ci-dessus ou par le maintien de la finale, ex.

Gén.	Acc.	Nom.
فِي ou فَمِ	فَا ou فَمَ	فُو ou فَمُ

59

45. L'EMPLOI DES CAS

٤٥) اَلْمَرْفُوعَاتُ وَالْمَنْصُوبَاتُ وَالْمَجْرُورَاتُ

1) اَلْمَرْفُوعَاتُ Le **cas nominatif** est employé comme suit :

a) Le sujet de la phrase verbale (Chapitre 36), ex.

يَلْعَبُ الطِّفْلُ l'enfant joue.

b) Le sujet de la phrase nominale et son attribut (Chapitre 75), ex.

اَلْبِنْتُ مَسْرُورَةٌ la fille est contente.

c) Le sujet de **kāna** et ses analogues (Chapitre 77), ex.

كَانَتِ الْبِنْتُ مَسْرُورَةً la fille était contente.

d) L'attribut de **'inna** et ses analogues (Chapitre 78), ex.

إِنَّ الْبِنْتَ مَسْرُورَةٌ certes, la fille est contente.

e) Le vocatif quand la personne ou la chose particulière appelées sont visées directement (Chapitre 100), ex.

يَا مُعَلِّمُ، مَا مَعْنَى هَذِهِ الْكَلِمَةِ؟ O professeur, quelle est la signification de ce mot ?

f) L'exception peut être mise soit à l'accusatif soit au nominatif (au même cas que le terme général), et cela quand la proposition est négative, et le terme général est mentionné, ex.

45. L'EMPLOI DES CAS (2)
٤٥) اَلْمَرْفُوعاتُ وَالْمَنْصُوبَاتُ وَالْمَجْرُورَات (٢)

مَا جَاءَ الطُّلاَّبُ إِلاَّ فَرِيدٌ (أَوْ فَرِيداً) *aucun des étudiants n'est venu,*
à part Farîd.

2) اَلْمَنْصُوبَاتُ Le **cas accusatif** est employé comme suit :

a) L'objet direct (Chapitre 37), ex.

أَتَعَلَّمُ لُغَةً *j'apprends une langue.*

b) L'attribut de **kāna** et ses analogues (Chapitre 77), ex.

كَانَت الْبِنْتُ مَسْرُورَةً *la fille était contente.*

c) Le sujet de **'inna** et ses analogues (Chapitre 78), ex.

إِنَّ الْبِنْتَ مَسْرُورَةٌ *certes, la fille est contente.*

d) Le nom après **lā** négatrice du genre (Chapitre 102), ex.

لاَ جَدِيدَ تَحْتَ الشَّمْسِ *il n'y a rien de nouveau sous le soleil.*

e) Le vocatif (Chapitre 100):

(i) s'il est suivi d'un génitif, ex.

يَا مُعَلِّمَ الْعَرَبِيَّةِ *O professeur d'arabe;*

(ii) s'il est assimilé au nom annexé, ex.

يَا قَارِئاً كِتَاباً *O vous qui lisez un livre;*

(iii) quand la personne ou la chose appelées sont indéfinies, et ne sont pas visées directement, ex.

61

يَا مُسَافِراً اِحْجِزْ تَذْكِرَتَكَ مُسَبَّقاً *O voyageur, faites vos réservations à l'avance !*

f) L'exception, quand le terme général est mentionné et la proposition est à l'affirmatif, ex.

جَاءَ الطُّلَّابُ إِلَّا فَرِيداً *Aucun étudiant n'est venu, à part Farīd.*

g) Le spécificatif après كَمْ *combien ?*, ex.

كَمْ لُغَةً تَتَكَلَّمُ ؟ *Combien de langues parlez-vous ?*

h) L'accusatif singulier après les nombres cardinaux de 11 à 99 (Chapitre 85), ex.

عُمْرُهُ عِشْرُونَ سَنَةً *il a vingt ans.*

i) Le complément absolu (Chapitre 98), ex.

اِسْتَقْبَلَهُ اسْتِقْبَالاً حَاراً *il l'a accueilli chaleureusement.*

j) Le complément de cause (Chapitre 99), ex.

يَجْتَهِدُ الطَّالِبُ فِي دُرُوسِهِ أَمَلاً فِي النَّجَاحِ فِي الْاِمْتِحَانِ *l'étudiant étudie avec assiduité dans l'espoir de réussir l'examen.*

k) Le complément de concomitance (Chapitre 106), ex.

أَتَجَوَّلُ وَالْبُحَيْرَةَ *je me promène le long du lac.*

l) La spécification (Chapitre 104), ex.

اشْتَرَيْتُ رَطْلاً لَحْماً *j'ai acheté une livre de viande.*

m) L'adverbe d'état ou de condition (Chapitre 105), ex.

أُسَافِرُ مَسْرُوراً *je voyage content.*

n) L'adverbe de temps (Chapitre 107), ex.

نَعْمَلُ نَهَاراً وَنَنَامُ لَيْلاً *nous travaillons pendant la journée et nous dormons pendant la nuit.*

o) L'adverbe de lieu (Chapitre 107), ex.

أُحِبُّ السَّفَرَ بَرّاً أَوْ بَحْراً أَوْ جَوّاً *j'aime voyager par terre, par mer ou par air.*

p) Le nom d'une fois (Chapitre 108), ex.

نَظَرَ إِلَيْهِ نَظْرَةً *Il l'a regardé une fois.*

q) Le nom de manière (Chapitre 109), ex.

يَضْحَكُ ضِحْكَةَ الطِّفْل *il rit comme un enfant.*

r) La spécification ou la particularisation (Chapitre 110), ex.

نَحْنُ طُلابَ اللُّغَةِ الْعَرَبِيَّةِ *nous, les étudiants de langue arabe.*

s) Exclamation, ex.

مَا أَحْسَنَ الْوَرْدَ فِي الْحَدِيقَةِ *comme les roses du jardin sont belles !*

3) اَلْمَجْرُورَاتُ Les cas datif et génitif sont employés comme suit :

a) L'objet indirect (Chapitre 38), ex.

أَنْظُرُ إِلَى الْخَرِيطَةِ *je regarde la carte.*

b) Le génitif (Annexion) (Chapitre 39), ex.

أَنْظُرُ إِلَى خَرِيطَةِ الْعَالَمِ *je regarde la carte du monde.*

c) Les noms régis par les prépositions adverbiales ou adverbes

prépositifs. Il y'en a des dizaines (Chapitre128); voici quelques

exemples :

اَلْحِوَارُ بَيْنَ الشَّمَال وَالْجَنُوب *Dialogue nord-sud.*

لَا جَدِيدَ تَحْتَ الشَّمْس *il n'y a rien de nouveau sous le soleil.*

يَمْثُلُ أَمَامَ الْقَضَاءِ *il comparaît devant la court.*

لَا أَحَدَ فَوْقَ الْقَانُونِ *personne n'est au-dessus de la loi.*

تَدُورُ الْأَرْضُ حَوْلَ نَفْسِهَا وَحَوْلَ الشَّمْسِ *la Terre tourne autour*

d'elle-même et autour du soleil.

مَا وَرَاءَ الطَّبِيعَة *la métaphysique* (litt. *ce qui est derrière la nature*).

d) Les noms régis par les noms d'annexion (Chapitre 129). Il y en a plusieurs; voici quelques exemples :

أَحَدُ الطُّلَّاب *un des étudiants.*

إِحْدَى الطَّالِبَات *une des étudiantes.*

بَعْضُ النَّاس *certaines gens.*

نَفْسُ الشَّيْءِ *la même chose.*

غَيْرُ مُمْكِنٍ *impossible.*

عِدَّةُ لُغَات *plusieurs languages.*

e) Les adjectifs suivants (Chapitre 129), comme dans :

صَغِيرُ السِّنِّ *jeune* (litt. *jeune d'age*).

سَرِيعُ الْفَهْمِ *qui comprend rapidement* (litt. *rapide de compréhension*).

f) Utilisé au lieu du superlatif (Chapitre 91), ex.

فِبْرَايِرُ هُوَ أَقْصَرُ شَهْرٍ فِي السَّنَة *février est le mois le plus court de l'année.*

46. EXPRIMER LES VERBES
ETRE ET *NE PAS ETRE*

٤٦) اَلتَّعْبِيرُ عَنِ الْكَيْنُونَةِ وَعَدَمِ الْكَيْنُونَةِ

1) Le verbe *être*

Le verbe être كَانَ existe, effectivement. Cependant, il n'est pas exprimé au présent. Pour l'exprimer, on utilise simplement le pronom personnel isolé, ex.

أَنَا هُنَا *je suis ici* (litt. *moi ici*, le verbe *être* est sous-entendu).

Il est à noter que le verbe *être* n'est pas exprimé au présent immédiat. Mais il est exprimé quand il signifie non pas le présent immédiat, mais le présent en général. Comparez :

اَلطَّقْسُ بَارِدٌ *il fait froid* (signifiant : *il fait froid maintenant, en ce moment*), et

يَكُونَ الطَّقْسُ بَارِداً فِي الشِّتَاءِ فِي هَذَا الْبَلَد *il fait froid en hiver, dans ce pays* (signifiant : *il fait froid dans ce pays, non pas particulièrement à présent, mais en général*).

Le verbe كَانَ peut être conjugué au présent aussi bien qu'au passé, comme n'importe quel verbe. (Voir le tableau ci-dessous : *Conjugaison du verbe* être).

2) Le verbe *ne pas être.*

لَيْسَ *ne pas être* s'emploie pour exprimer le verbe *ne pas être* au présent, ex.

66

46. EXPRIMER LES VERBES *ETRE* ET *NE PAS ETRE* (2)

٤٦) اَلتَّعْبِيرُ عَنِ الْكَيْنُونَةِ وَعَدَمِ الْكَيْنُونَةِ (٢)

لَيْسَ الطَّقْسُ بَارِداً *il ne fait pas froid* (litt. *le temps n'est pas froid*).

Il est à noter que le verbe لَيْسَ s'emploie quand il signifie le verbe *ne pas être* dans le présent immédiat, comme l'indique la phrase précédente : *il ne fait pas froid, maintenant, en ce moment*. Quand on n'entend pas le présent immé-diat, mais plutôt le présent en général, à ce moment-là le verbe كَانَ est utilisé au présent, avec la particule du négatif لاَ comme tout autre verbe, ex.

لاَ يَكُونُ الطَّقْسُ بَارِداً جِدّاً فِي الرَّبِيعِ *il ne fait pas très froid au prin-temps* (signifiant : en général).

Le verbe كَانَ s'emploie pour exprimer le verbe *ne pas être* au passé, au moyen de la particule du passé, du négatif et du jussif لَمْ, de même qu'il s'emploie pour exprimer le verbe *ne pas être* au futur au moyen de la particule du futur, du négatif et du subjoncitf لَنْ (Chapitres 64 et 63).

Il est à noter que le verbe لَيْسَ s'emploie exclusivement pour ex-primer *ne pas être* au présent. Cependant, il est singulier de remar-quer que ce verbe soit conjugué à l'accompli, ou au passé, et qu'il n'aie pas d'autre conjugaison (Chapitre 77).

(Voir le tableau ci-dessous : *Conjugaison du verbe* ne pas être).

67

47. CONJUGAISON DU VERBE *ETRE*

٤٧) تَصْريفُ فِعْلِ كَانَ

		Futur	Présent	Passé	
1P.	s.	سَأَكُونُ	أَكُونُ	كُنْتُ	أَنَا
	p.	سَنَكُونُ	نَكُونُ	كُنَّا	نَحْنُ
2P.	m.s.	سَتَكُونُ	تَكُونُ	كُنْتَ	أَنْتَ
	f.s.	سَتَكُونِينَ	تَكُونِينَ	كُنْتِ	أَنْتِ
	d.	سَتَكُونَانِ	تَكُونَانِ	كُنْتُمَا	أَنْتُمَا
	m.p.	سَتَكُونُونَ	تَكُونُونَ	كُنْتُمْ	أَنْتُمْ
	f.p.	سَتَكُنَّ	تَكُنَّ	كُنْتُنَّ	أَنْتُنَّ
3P.	m.s.	سَيَكُونُ	يَكُونُ	كَانَ	هُوَ
	f.s.	سَتَكُونُ	تَكُونُ	كَانَتْ	هِيَ
	m.d.	سَيَكُونَانِ	يَكُونَانِ	كَانَا	هُمَا
	f.d.	سَتَكُونَانِ	تَكُونَانِ	كَانَتَا	هُمَا
	m.p.	سَيَكُونُونَ	يَكُونُونَ	كَانُوا	هُمْ
	f.p.	سَيَكُنَّ	يَكُنَّ	كُنَّ	هُنَّ

68

48. CONJUGAISON DU VERBE
NE PAS ETRE

٤٨) تَصْرِيفُ فِعْلِ عَدَمِ الْكَيْنُونَةِ

		Futur	Présent	Passé	
1P.	s.	لَنْ أَكُونَ	لَسْتُ	لَمْ أَكُنْ	أَنَا
	p.	لَنْ نَكُونَ	لَسْنَا	لَمْ نَكُنْ	نَحْنُ
2P.	m.s.	لَنْ تَكُونَ	لَسْتَ	لَمْ تَكُنْ	أَنْتَ
	f.s.	لَنْ تَكُونِي	لَسْتِ	لَمْ تَكُونِي	أَنْتِ
	d.	لَنْ تَكُونَا	لَسْتُمَا	لَمْ تَكُونَا	أَنْتُمَا
	m.p.	لَنْ تَكُونُوا	لَسْتُمْ	لَمْ تَكُونُوا	أَنْتُمْ
	f.p.	لَنْ تَكُنَّ	لَسْتُنَّ	لَمْ تَكُنَّ	أَنْتُنَّ
3P.	m.s.	لَنْ يَكُونَ	لَيْسَ	لَمْ يَكُنْ	هُوَ
	f.s.	لَنْ تَكُونَ	لَيْسَتْ	لَمْ تَكُنْ	هِيَ
	m.d.	لَنْ يَكُونَا	لَيْسَا	لَمْ يَكُونَا	هُمَا
	f.d.	لَنْ تَكُونَا	لَيْسَتَا	لَمْ تَكُونَا	هُمَا
	m.p.	لَنْ يَكُونُوا	لَيْسُوا	لَمْ يَكُونُوا	هُمْ
	f.p.	لَنْ يَكُنَّ	لَسْنَ	لَمْ يَكُنَّ	هُنَّ

49. EXPRIMER LES VERBES
AVOIR ET *NE PAS AVOIR*

٤٩) اَلتَّعْبِيرُ عَنِ الْمُلْكِ وَعَدَمِ الْمُلْكِ

1) Le **verbe** *Avoir*.

a) Le verbe *avoir*, proprement dit, n'existe pas en arabe. Pour exprimer ce verbe, on emploie la préposition لِ en la préfixant au pronom personnel, ex.

لَهُ كِتَابٌ *il a un livre* (litt. *à lui un livre*).

لِلْوَلَدِ كِتَابٌ *le garçon a un livre* (litt. *au garçon un livre*).

Remarque 1. Quand la préposition لِ est préfixée à un pronom personnel, excepté ــِي de la première personne, elle prend un *fath>a* au lieu d'une *kasra*.

Remarque 2. Quand la préposition لِ est préfixée à un nom, l'*alif* de l'article tombe.

b) Le verbe *avoir* au passé est exprimé en précédant de كَانَ *il était*, la forme du verbe *avoir* au présent pour toutes les personnes. ex.

49. EXPRIMER LES VERBES *AVOIR* ET *NE PAS AVOIR* (2)

٤٩) اَلتَّعْبِيرُ عَنِ الْمُلْكِ وَعَدَمِ الْمُلْكِ (٢)

كَانَ لَهُ سَيَّارَةٌ *il avait une voiture.*

كَانَ للطُّلَّابِ كُتُبٌ كَثِيرَةٌ *les étudiants avaient beaucoup de livres.*

c) Le futur est exprimé en précédant de سَيَكُونُ , *il sera*, la forme du verbe *avoir* au présent pour toutes les personnes. (Voir le tableau ci-dessous : *Conjugaison du verbe* avoir).

2) **Le verbe** *Ne pas avoir*

a) *Ne pas avoir,* au présent, est exprimé en précédant de لَيْسَ , *ne pas être*, la forme positive du verbe *avoir* au présent, pour toutes les personnes. ex.

لَيْسَ لَهُ أَوْلَادٌ *il n'a pas d'enfants.*

b) *Ne pas avoir,* au passé, est exprimé en précédant de لَمْ يَكُنْ, *il n'est pas*, la forme positive du verbe *avoir* au présent, ex.

لَمْ يَكُنْ لَهُ شَيْءٌ يَقُولُهُ *il n'avait rien à dire.*

c) *Ne pas avoir,* au futur, est exprimé en précédant de لَنْ يَكُونَ, *il ne sera pas*, la forme positive du verbe *avoir* au présent, ex.

71

49. EXPRIMER LES VERBES *AVOIR* ET *NE PAS AVOIR* (3)

٤٩) اَلتَّعْبِيرُ عَنِ الْمُلْكِ وَعَدَمِ الْمُلْكِ (٣)

لَنْ يَكُونَ لَهُ عَمَلٌ غَداً *il n'aura pas de travail demain.*

En plus de la préposition لِ, les verbes *avoir* et *ne pas avoir*

peuvent être exprimés au moyen de عِنْدَ *à, chez*, et لَدَى *à, auprès*,

ex.

عِنْدَنَا كَثِيرٌ مِنَ الْعَمَلِ *nous avons beaucoup de travail.*

لَدَيْهِ مُتَّسَعٌ مِنَ الْوَقْتِ *il a suffisamment de temps.*

Il est à noter que ce qui peut-être un objet direct dans la phrase

لَهُ كِتَابٌ n'est rien d'autre, en fait, qu'un sujet, car la phrase signifie litté-

ralement *à lui est un livre*. Pour cette raison كِتَابٌ est au nominatif.

(Voir le tableau ci-dessous : *Conjugaison du verbes* avoir *et* ne pas

avoir.)

72

50. CONJUGAISON DU VERBE *AVOIR*

٥٠) تَصْرِيفُ فِعْلِ التَّعْبِيرِ عَنِ الْمُلْكِ

		Futur	Présent	Passé	
1P.	s.	سَيَكُونُ لِي	لِي	كَانَ لِي	أَنَا
	p.	سَيَكُونُ لَنَا	لَنَا	كَانَ لَنَا	نَحْنُ
2P.	m.s.	سَيَكُونُ لَكَ	لَكَ	كَانَ لَكَ	أَنْتَ
	f.s.	سَيَكُونُ لَك	لَك	كَانَ لَك	أَنْت
	d.	سَيَكُونُ لَكُمَا	لَكُمَا	كَانَ لَكُمَا	أَنْتُمَا
	m.p.	سَيَكُونُ لَكُمْ	لَكُمْ	كَانَ لَكُمْ	أَنْتُمْ
	f.p.	سَيَكُونُ لَكُنَّ	لَكُنَّ	كَانَ لَكُنَّ	أَنْتُنَّ
3P.	m.s.	سَيَكُونُ لَهُ	لَهُ	كَانَ لَهُ	هُوَ
	f.s.	سَيَكُونُ لَهَا	لَهَا	كَانَ لَهَا	هِيَ
	m.d.	سَيَكُونُ لَهُمَا	لَهُمَا	كَانَ لَهُمَا	هُمَا
	f.d.	سَيَكُونُ لَهُمَا	لَهُمَا	كَانَ لَهُمَا	هُمَا
	m.p.	سَيَكُونُ لَهُمْ	لَهُمْ	كَانَ لَهُمْ	هُمْ
	f.p.	سَيَكُونُ لَهُنَّ	لَهُنَّ	كَانَ لَهُنَّ	هُنَّ

73

51. CONJUGAISON DU VERBE
NE PAS AVOIR

٥١) تَصْرِيفُ فِعْلِ التَّعْبِيرِ عَنْ عَدَمِ الْمُلْكِ

		Futur	Présent	Passé	
1P.	s.	لَنْ يَكُونَ لِي	لَيْسَ لِي	لَمْ يَكُنْ لِي	أَنَا
	p.	لَنْ يَكُونَ لَنَا	لَيْسَ لَنَا	لَمْ يَكُنْ لَنَا	نَحْنُ
2P.	m.s.	لَنْ يَكُونَ لَكَ	لَيْسَ لَكَ	لَمْ يَكُنْ لَكَ	أَنْتَ
	f.s.	لَنْ يَكُونَ لَكِ	لَيْسَ لَكِ	لَمْ يَكُنْ لَكِ	أَنْتِ
	d.	لَنْ يَكُونَ لَكُمَا	لَيْسَ لَكُمَا	لَمْ يَكُنْ لَكُمَا	أَنْتُمَا
	m.p.	لَنْ يَكُونَ لَكُمْ	لَيْسَ لَكُمْ	لَمْ يَكُنْ لَكُمْ	أَنْتُمْ
	f.p.	لَنْ يَكُونَ لَكُنَّ	لَيْسَ لَكُنَّ	لَمْ يَكُنْ لَكُنَّ	أَنْتُنَّ
3P.	m.s.	لَنْ يَكُونَ لَهُ	لَيْسَ لَهُ	لَمْ يَكُنْ لَهُ	هُوَ
	f.s.	لَنْ يَكُونَ لَهَا	لَيْسَ لَهَا	لَمْ يَكُنْ لَهَا	هِيَ
	m.d.	لَنْ يَكُونَ لَهُمَا	لَيْسَ لَهُمَا	لَمْ يَكُنْ لَهُمَا	هُمَا
	f.d.	لَنْ يَكُونَ لَهُمَا	لَيْسَ لَهُمَا	لَمْ يَكُنْ لَهُمَا	هُمَا
	m.p.	لَنْ يَكُونَ لَهُمْ	لَيْسَ لَهُمْ	لَمْ يَكُنْ لَهُمْ	هُمْ
	f.p.	لَنْ يَكُونَ لَهُنَّ	لَيْسَ لَهُنَّ	لَمْ يَكُنْ لَهُنَّ	هُنَّ

52. LE VERBE
(SA CONSTRUCTION)

٥٢) اَلْفِعْلُ (بِنَاؤُهُ)

Le verbe, en ce qui concerne sa construction, consiste en deux types :

a) Le verbe primitif ou à forme simple, dit

اَلْفِعْلُ الْمُجَرَّدُ

le verbe dénudé, ou *le verbe nu*.

b) La forme dérivée, dite

اَلْفِعْلُ الْمَزيدُ

le verbe augmenté.

Le verbe primitif ou à forme simple est celui qui ne renferme que les consonnes constitutives de la racine, et qui peut-être :

(i) un verbe trilitère اَلْفِعْلُ الثُّلَاثِيُّ ou

(ii) un verbe quadrilitère اَلْفِعْلُ الرُّبَاعِيُّ

53. LE VERBE TRILITERE SIMPLE

٥٣) اَلْفِعْلُ الثُّلَاثِيُّ الْمُجَرَّدُ

La majorité des verbes arabes sont trilitères, c'ets-à-dire qu'ils contiennent trois lettres radicales.

Etant la forme la plus simple du verbe, la troisième personne du
masculin singulier de l'accompli s'emploie, généralement, comme para-
digme. Mais pour simplifier nous nous y référons par l'infinitif :

كَتَبَ *écrire*, au lieu de *il a écrit, il écrivit*, étant donné que le sens
principal de l'*écriture* est donné par les trois consonnes **k-t-b**.

Les grammairiens arabes emploient le verbe فَعَلَ comme paradig-
me, appelant la première radicale du verbe trilitère اَلْفَاءُ *la fa\\'*, la seconde اَلْعَيْنُ *la ع ain*, et la troisième radicale اَللَّامُ *la la\\m*.

L'accompli du verbe trilitère simple ou primitif a trois schèmes suivant la voyelle de la deuxième consonne radicale qui peut-être :

a) *fatḥa* ـَ ; b) *kasra* ـِ ; c) *ḍamma* ـُ , ex.

a) فَتَحَ *ouvrir (il a ouvert)*.

b) فَهِمَ *comprendre (il a compris)*.

c) كَبُرَ *être* ou *devenir grand, âgé (il a été* ou ì*l est devenu grand,
âgé)*.

53. LE VERBE TRILITERE SIMPLE (2)

٥٣) اَلْفِعْلُ الثُّلاثِي الْمُجَرَّدُ (٢)

La première et la troisième consonne radicale de ces trois schèmes portent la voyelle *fatḥa* ـَ .

1) **Le premier schème**, dont la deuxième radicale porte *fath>a*, consiste en trois types, cités par ordre de fréquence, selon que la *fatḥa* de l'accompli se transforme en *ḍamma* à l'inaccompli; b) la *fatḥa* se transforme en *kasra*; c) la voyelle *fatḥa* est retenue, ex.

a) كَتَبَ (ـُ) يَكْتُبُ كِتَابَةً *écrire*

b) جَلَسَ (ـِ) يَجْلِسُ جُلُوسٌ *s'asseoir*

c) فَتَحَ (ـَ) يَفْتَحُ فَتْحٌ *ouvrir*

Il n'existe pas de règle qui indique quand la *fatḥa* se transforme en *ḍamma,* en *kasra,* ou quand elle est retenue. Seul le dictionnaire peut indiquer la voyelle de l'inaccompli, en donnant la troisième personne du masculin singulier de l'inaccompli, ou en donnant uniquement la voyelle : *ḍamma, kasra* ou *fatḥa,* en deuxième lieu, après avoir donné la troisième personne du masculin singulier de l'accompli, puis, en troisième lieu, le nom verbal, qui est donné d'habitude, à l'accusatif (voir les exemples précédents).

Cependant, il existe une règle concernant :

77

53. LE VERBE TRILITERE SIMPLE (3)

٥٣) اَلْفِعْلُ الثُّلَاثِي الْمُجَرَّدُ (٣)

a) (i) les verbes doubles transitifs, et (ii) les verbes ayant *wa/w* و comme première radicale, où la voyelle **fatḥa** à l'accompli se transforme en *kasra* à l'inaccompli, ex.

(i) فَرَّ يَفِرُّ *s'enfuir.*

(ii) وَصَلَ يَصِلُ *arriver.*

b) Les verbes où la deuxième radicale est une lettre gutturale, et qui maintiennent à l'inaccompli la **fatḥa** de l'accompli, ex.

قَطَعَ يَقْطَعُ *couper;* فَعَلَ يَفْعَلُ *faire;*

ذَهَبَ يَذْهَبُ *aller;* سَبَحَ يَسْبَحُ *nager;*

Néanmoins, plusieurs verbes ne se conforment pas à la règle, en particulier quand la deuxième radicale est خ , ع ou غ, comme dans :

بَلَغَ يَبْلُغُ *atteindre;* نَفَخَ يَنْفُخُ *souffler, gonfler;*

شَعَرَ يَشْعُرُ *sentir, resentir, percevoir.*

2) **Le deuxième schème** consiste en verbes dont la deuxième radicale porte la *kasra* à l'accompli où cette dernière (*kasra*) a) se transforme presque automatiquement en **fatḥa** à l'inaccompli, à l'exception de quelques verbes où b) la *kasra* de l'accompli est maintenue à l'inaccompli, ex.

53. LE VERBE TRILITERE SIMPLE (4)

٥٣) اَلْفِعْلُ الثُّلَاثِي الْمُجَرَّدُ (٤)

a) فَهِمَ (ـَ) يَفْهَمُ فَهْمٌ *comprendre.*

شَرِبَ (ـَ) يَشْرَبُ شُرْبٌ *boire.*

b) حَسِبَ (ـِ) يَحْسِبُ حُسْبَانٌ *estimer, penser, croire ,*

considérer.

وَثِقَ (ـِ) يَثِقُ ثِقَةٌ، وُثُوقٌ *avoir confiance.*

3) **Le troisième schème** consiste en verbes dont la seconde radi-cale porte la *d>amma* à l'accompli, et où cette même voyelle est mainte-nue à l'inaccompli, ex.

كَبُرَ (ـُ) يَكْبُرُ كِبَرٌ   *être* ou *devenir grand, âgé.*

54. LE VERBE QUADRILITERE SIMPLE

٥٤) اَلْفِعْلُ الرُّبَاعِيُّ الْمُجَرَّدُ

Le verbe quadrilitère simple est un verbe qui contient **quatre radicales.** Il existe un nombre comparativement restreint de verbes quadrilitères. Parmi les 5000 verbes les plus communs, seuls quelques-uns sont quadrilitères.

La forme de cette racine ressemble, en ce qui concerne la forme et la vocalisation, à la deuxième forme du verbe trilitère (Chapitres 53 et 55), ex.

دَحْرَجَ *rouler, faire rouler*, comparé à

عَلَّمَ (2ème forme) *enseigner*, de

عَلِمَ (forme simple) *savoir*.

Remarque : la ل doublée, de عَلَّمَ correspond à la consonne ح affectée d'un suku\n, suivi de la ر dans دَحْرَجَ.

Ce verbe se conjugue à l'inaccompli en donnant une *d>amma* au préfixe et une *kasra* à l'avant-dernière consonne, ex. يُدَحْرِجُ , et son nom verbal se forme généralement en ajoutant ة *tā' marbūṭa* au verbe à l'accompli, ex.

دَحْرَجَةٌ (Chapitre 57).

54. LE VERBE QUADRILITERE SIMPLE (2)

٥٤) اَلْفِعْلُ الرُّبَاعِيُّ الْمُجَرَّدُ (٢)

Les verbes quadrilitères simples sont de trois types :

a) Les verbes formés véritablement à l'origine de quatre radicales,

ex. دَحْرَجَ ;

b) Les verbes formés en doublant une racine bilitère, ex.

تَمْتَمَ *murmurer*, غَرْغَرَ *se gargariser*.

c) Les verbes formés de racines composées, prises d'une phrase
familière ou d'une combinaison de racines. Ce sont des verbes rares. On
peut citer comme exemple

حَمْدَلَ pour dire اَلْحَمْدُ لِلَّه *louange à Dieu.*

55. LES FORMES DERIVEES DU VERBE TRILITERE SIMPLE INTRODUCTION GENERALE

٥٥) أَوْزَانُ الْفِعْلِ الثُّلَاثِي الْمُجَرَّدُ
اَلْمَدْخَلُ الْعَامُّ

L'arabe est une langue synthétique, riche en verbes de formes dérivées, bien que pauvre en temps. Ainsi, en partant d'une racine, on arrive à obtenir des nuances verbales très diverses, et cela par l'emploi des *formes dérivées*, ou *augmentées*. Par modification interne, préfixation et infixation, les formes augmentées ajoutent au sens général de la racine des nuances bien précises.

Ce trait est commun aux langues sémitiques, bien qu'il soit plus développé en arabe.

Les débutants considèrent souvent ces formes comme un casse-tête. Mais une fois leurs particularités saisies, et dès que l'on réalise que chaque forme dérivée est associée à certains schèmes de signification, ces formes deviennent une aide considérable à l'acquisition rapide du vocabulaire. Bien comprendre et connaître à fond la formation des mots sont d'une importance primordiale pour l'apprentissage de la langue arabe.

Les formes dérivées sont généralement classées et numérotées par les Européens, avec les chiffres romains, à partir de la deuxième. La forme simple est la première forme. Le nombre de ces formes est de quatorze (II - XV).

55. LES FORMES DERIVEES DU VERBE TRILITERE SIMPLE
INTRODUCTION GENERALE (2)

٥٥) أَوْزَانُ الْفِعْلِ الثُّلاثِي الْمُجَرَّدُ

اَلْمَدْخَلُ الْعَامُّ (٢)

Le débutant s'intéressera uniquement aux formes de II à X; les formes restantes sont rares.

Même en excluant les très rares formes dérivées (XI-XV), il existe très peu de verbes qui admettent toutes les autres formes dérivées de II à X. Certains verbes en ont seulement une ou deux. Cependant quatre ou cinq formes sont une bonne moyenne, bien qu'il existe souvent un certain chevauchement de sens entre les formes.

Par ailleurs, on trouve souvent que la racine n'est plus usitée alors que les formes dérivées le sont. C'est la présence des formes dérivées disponibles, même si elles sont négligées, qui fait que l'arabe est potentiellement une des langues les plus riches, capable d'inventer des mots nouveaux pour répondre aux besoins modernes, sans nécessairement adopter des mots étrangers.

Ce fait est exploité par des académies linguistiques au Caire, comme à Damas, dans leurs efforts pour abolir les mots non arabes.

On conseille l'apprentissage des formes non pas par coeur, mais par l'usage et la pratique.

83

55. LES FORMES DERIVEES DU VERBE TRILITERE SIMPLE
INTRODUCTION GENERALE (3)

٥٥) أَوْزَانُ الْفِعْلِ الثُّلَاثِي الْمُجَرَّدُ

اَلْمَدْخَلُ الْعَامُّ (٣)

Il est à noter que, par leur vocalisation (à l'inaccompli), les formes de II à X se divisent en trois classes :

a) Les formes II, III et IV ont le préfixe qui porte une *ḍamma* et l'avant-dernière consonne une *kasra*. Comparez :

يُفْعِلُ (IV). et يُفَاعِلُ (III), يُفَعِّلُ (II)

b) Les formes V et VI sont vocalisées entièrement par *fatḥa*. Comparez :

يَتَفَاعَلُ (VI). et يَتَفَعَّلُ (V)

Le nom verbal de toutes les formes, excepté les formes II, V, VI et parfois III, ont une longue *'alif* entre les deux dernières radicales.

c) Avec les formes VII, VIII et X, on constate une *kasra* sur la deuxième radicale (ou ع) et *fatḥa* sur les précédentes lettres vocalisées. Comparez :

يَسْتَفْعِلُ (X). et يَفْتَعِلُ (VIII), يَنْفَعِلُ (VII)

LES IIème, IIIème et IVème FORMES

La IIème forme تَفْعِيلٌ يُفَعِّلُ فَعَّلَ est formée par le redoublement de la deuxième radicale. Ainsi, elle modifie le sens de la forme simple pour exprimer l'idée de :

84

55. LES FORMES DERIVEES DU VERBE TRILITERE SIMPLE
INTRODUCTION GENERALE (4)

٥٥) أَوْزَانُ الْفِعْلِ الثُّلَاثِي الْمُجَرَّدُ

اَلْمَدْخَلُ الْعَامُّ (٤)

a) une action causative, ex.

كَبَّرَ يُكَبِّرُ تَكْبِيرٌ *agrandir* de كَبُرَ forme simple, *être grand;*

b) une action intensive, ex.

كَسَّرَ يُكَسِّرُ تَكْسِيرٌ *casser en petits morceaux, fracasser,* de كَسَرَ,

forme simple, *casser.*

La IIIème forme فَاعَلَ يُفَاعِلُ مُفَاعَلَةٌ est formée par l'infixation

d'un *'alif* (voyelle longue) après la première radicale. Ainsi, elle modifie

le sens de la forme simple pour indiquer que l'action du verbe s'étend à

une autre personne, parfois avec une nuance de durée, ex.

كَاتَبَ يُكَاتِبُ مُكَاتَبَةٌ *écrire, correspondre souvent avec qqn* de

كَتَبَ, forme simple, *écrire.*

جَالَسَ يُجَالِسُ مُجَالَسَةٌ *s'asseoir souvent auprès de qqn* de جَلَسَ,

forme simple, *s'asseoir.*

La IVème forme أَفْعَلَ يُفْعِلُ إِفْعَالٌ est formée par la préfixation

d'un *'alif* affectée d'une *hamza* et d'une *fatḥa* (أَ) à la forme simple. Ain-

si, elle modifie le sens de la forme simple en la rendant causative. Elle

rend transitif les verbes intransitifs, ex.

85

55. LES FORMES DERIVEES DU VERBE TRILITERE SIMPLE
INTRODUCTION GENERALE (5)

٥٥) أَوْزَانُ الْفِعْلِ الثُّلَاثِي الْمُجَرَّدُ

الْمَدْخَلُ الْعَامُّ (٥)

حَضَرَ يَحْضُرُ حُضُورٌ *être présent*.

أَحْضَرَ يُحْضِرُ إِحْضَارٌ *causer la présence, apporter*.

دَخَلَ يَدْخُلُ دُخُولٌ , forme simple, *entrer;*

أَدْخَلَ يُدْخِلُ إِدْخَالٌ IVème forme, *faire entrer, rentrer,*

introduire.

Les IIème et IVème formes ont souvent la même signification, ex.

أَخْبَرَ يُخْبِرُ إِخْبَارٌ et خَبَّرَ يُخَبِّرُ تَخْبِيرٌ les deux verbes signifient *in-former, donner des nouvelles*.

Il existe très peu de verbes intransitifs de cette forme, ex.

أَقْبَلَ *approcher*, أَسْرَعَ *se hâter, se presser*.

Considérer les formes dérivées II, III et IV comme un seul groupe aidera l'étudiant à les apprendre, puisqu'elles portent toutes une *ɖamma* sur le préfixe et un *kasra* sur la deuxième radicale à l'inaccompli. Comparer:

IIème forme فَضَّلَ يُفَضِّلُ تَفْضِيلٌ *préférer*.

IIIème forme قَابَلَ يُقَابِلُ مُقَابَلَةٌ *rencontrer*.

55. LES FORMES DERIVEES DU VERBE TRILITERE SIMPLE
INTRODUCTION GENERALE (6)

٥٥) أَوْزَانُ الْفِعْلِ الثُّلَاثِي الْمُجَرَّدُ
اَلْمَدْخَلُ الْعَامُّ (٦)

IVème forme أَرْسَلَ يُرْسِلُ إِرْسَالٌ *envoyer.*

LES Vème et VIème FORMES

La Vème forme تَفَعَّلَ يَتَفَعَّلُ تَفَعُّلٌ est formée par la préfixation de

تَ et le redoublement de la deuxième radicale de la forme simple, ou en préfixant tout simplement تَ à la IIème forme. Elle tend à ajouter à la IIème forme l'idée de réflectivité, ex.

عَلِمَ (forme simple) *savoir;*

عَلَّمَ (IIème forme) *enseigner (causer le savoir);*

تَعَلَّمَ (Vème forme) *apprendre (s'enseigner);*

حَسُنَ (forme simple) *être beau, joli, ravissant;*

حَسَّنَ (IIème forme) *améliorer;*

تَحَسَّنَ (Vème forme) *s'améliorer.*

La VIème forme تَفَاعَلَ يَتَفَاعَلُ تَفَاعُلٌ est formée par la préfixation de تَ et l'infixation d'un *'alif* (voyelle longue) après la deuxième radicale, ou en préfixant tout simplement تَ à la IIIème forme. Elle ajoute à la IIIème forme l'idée de réflectivité. ex.

عَاوَنَ (IIIème forme) *aider;*

87

55. LES FORMES DERIVEES DU VERBE TRILITERE SIMPLE
INTRODUCTION GENERALE (7)

٥٥) أَوْزَانُ الْفِعْلِ الثُّلاثِيِّ الْمُجَرَّدُ

اَلْمَدْخَلُ الْعَامُّ (٧)

تَعَاوَنَ (VIème forme) *coopérer, s'entraider.*

قَابَلَ (IIIème forme) *rencontrer;*

تَقَابَلَ (VIème forme) *se rencontrer.*

En plus de l'idée de réflectivité qu'elle partage avec la Vème forme, la VIème forme s'emploie pour le sens de *feindre* un état ou une qualité, ou de *chercher à se faire passer pour*, ex.

مَرِضَ (forme simple) *être malade;*

تَمَارَضَ (VIème forme) *feindre d'être malade, simuler la*

maladie.

ظَهَرَ (forme simple) *apparaître;*

تَظَاهَرَ (VIème forme) *donner l'air de, faire semblant de.*

Les Vème et VIème formes composent un seul group, puisqu'elles sont vocalisées entièrement par une *fatḥa* à l'inaccompli, et prennent une *ḍamma* sur la deuxième radicale du nom verbal. Comparez:

88

55. LES FORMES DERIVEES DU VERBE TRILITERE SIMPLE INTRODUCTION GENERALE (8)

٥٥) أَوْزَانُ الْفِعْلِ الثُّلَاثِي الْمُجَرَّدُ

اَلْمَدْخَلُ الْعَامُّ (٨)

تَقَدَّمَ يَتَقَدَّمُ تَقَدُّمٌ *avancer, progresser;*

تَبَادَلَ يَتَبَادَلُ تَبَادُلٌ *échanger.*

LES VIIème, VIIIème, IXème Xème FORMES

La VIIème forme انْفَعَلَ يَنْفَعِلُ انْفِعَالٌ est formée en préfixant انْ à la forme simple. La *kasra* de l'*alif* prosthétique dans انْ disparaît au milieu d'un discours suivi; en d'autres termes, l'*alif* ne se prononce pas.

La VIIème forme modifie le sens de la forme simple. Elle lui ajoute l'idée de réflectivité ayant la valeur d'un passif, ex.

كَسَرَ (forme simple) *casser;*

انْكَسَرَ (VIIème forme) *se casser.*

فَتَحَ (forme simple) *ouvrir;*

انْفَتَحَ (VIIème forme) *s'ouvrir.*

La VIIIème forme افْتَعَلَ يَفْتَعِلُ افْتِعَالٌ est formée en préfixant ا, en infixant تَ après la première radicale, et en éliminant la voyelle de la première radicale. La *kasra* de l'*alif* prosthétique dans افْتَعَلَ disparaît au milieu d'un discours suivi; en d'autres termes l'*alif* ne se prononce pas

55. LES FORMES DERIVEES DU VERBE TRILITERE SIMPLE INTRODUCTION GENERALE (9)

٥٥) أَوْزَانُ الْفِعْلِ الثُّلاثِي الْمُجَرَّدُ
اَلْمَدْخَلُ الْعَامُّ (٩)

Du point de vue du sens, la VIIIème forme est la forme la plus éva-sive et difficile à définir avec précision.

La **IXème forme** افْعَلَّ يَفْعَلُّ افْعِلَالٌ est formée en préfixant ا à la forme simple, en omettant la voyelle de la première radicale et en redou-blant la dernière radicale. la *kasra* de l'*alif* prosthétique dans افْعَلَّ dis-paraît au milieu d'un discours suivi; en d'autres termes, l'*alif* ne se pro-nonce pas.

La IXème forme s'emploie pour désigner les couleurs et les diffor-mités, ex.

احْمَرَّ *rougir.*

اعْوَجَّ *se plier, se tordre, se gondoler.*

La **Xème forme** اسْتَفْعَلَ يَسْتَفْعِلُ اسْتِفْعَالٌ est formée en préfixant اسْتَ à la forme simple, et en omettant la voyelle de la première radicale. La *kasra* de l'*alif* prosthétique dans اسْتَفْعَلَ disparaît au milieu d'un discours suivi; en d'autres termes, l'*alif* ne se prononce pas.

La Xème forme modifie le sens de la forme simple ou de la IVème forme, qui signifie donner quelque chose, en lui ajoutant

55. LES FORMES DERIVEES DU VERBE TRILITERE SIMPLE
INTRODUCTION GENERALE (10)

٥٥) أَوْزَانُ الْفِعْلِ الثُّلَاثِي الْمُجَرَّدُ

اَلْمَدْخَلُ اَلْعَامُّ (١٠)

a) l'idée de désirer ou de demander quelque chose, ex.

عَلِمَ (forme simple) *savoir;*

أَعْلَمَ (IVème forme) *informer, donner des*

informations;

اِسْتَعْلَمَ (Xème forme) *demander des rensignements,*

se renseigner.

أَعَارَ (IVème forme) *prêter;*

اِسْتَعَارَ (Xème forme) *emprunter.*

b) Elle ajoute à la forme simple le sens estimatif, ex.

حَسُنَ (forme simple) *être beau, bon, bien;*

اِسْتَحْسَنَ (Xème forme) *trouver, considérer comme beau, bon*

approuver.

رَخُصَ (forme simple) *être bon marché;*

اِسْتَرْخَصَ (Xème forme) *trouver bon marché.*

55. LES FORMES DERIVEES DU VERBE TRILITERE SIMPLE
INTRODUCTION GENERALE (11)

٥٥) أَوْزَانُ الْفِعْلِ الثُّلاثِي الْمُجَرَّدُ

اَلْمَدْخَلُ الْعَامُّ (١١)

Les VIIème, VIIIème, IXème et Xème formes composent un seul groupe. A l'exception de la IXème forme, elles prennent toutes, cependant une *kasra* à l'inaccompli, sur la deuxième radicale précédée d'une *fatha*.

En ce qui concerne la IXème forme, on peut imaginer qu'il y avait, à l'origine, une *kasra*, mais qu'elle a disparu avec le téléscopage de la radicale finale redoublée. Comparez :

انْفَتَحَ يَنْفَتِحُ انْفِتَاحٌ *s'ouvrir.*

اخْتَبَرَ يَخْتَبِرُ اخْتِبَارٌ *examiner.*

احْمَرَّ يَحْمَرُّ احْمِرَارٌ *rougir.*

اسْتَعْمَلَ يَسْتَعْمِلُ اسْتِعْمَالٌ *utiliser.*

Remarques. 1) La *hamza* de la IVème forme est هَمْزَةُ الْقَطْعِ *hamza-tulqat* ع (de rupture), c'est-à-dire qu'elle est toujours prononcée, qu'elle soit située au début, au milieu ou à la fin du discours, alors que *l'alif* des VIIème, VIIIème, IXème et Xème formes est هَمْزَةُ الْوَصْلِ *hamzat ulwaṣl*

92

55. LES FORMES DERIVEES DU VERBE TRILITERE SIMPLE
INTRODUCTION GENERALE (12)

٥٥) أَوْزَانُ الْفِعْلِ الثُّلَاثِي الْمُجَرَّدُ
اَلْمَدْخَلَ الْعَامُّ (١٢)

de liaison) ou *'alif prosthétique*, c'est-à-direqu'elle est prononcée seulement en début de phrase. **2)** Il n'existe pas de verbes qui admettent toutes les formes dérivées. **3)** Dans certains cas, les formes dérivées sont utilisées, mais pas la forme simple. **4)** Bien que, à un moment donné, les formes dérivées aient pu suivre d'une manière consistante les modifications sémantiques résumées ci-dessus, plusieurs d'entre elles ont tellement divergé que leur relations sont à peine apparentes. L'étudiant doit donc traiter les formes dérivées comme des unités indépendantes du vocabulaire

56. LES FORMES DERIVEES
DU VERBE QUADRILITERE

٥٦) أَوْزَانُ الْفِعْلِ الرُّبَاعِيِّ

Le verbe quadrilitère simple ou primitif a pour schème يُفَعْلِلُ فَعْلَلَ فَعْلَلَةٌ , ex.

رَفْرَفَ يُرَفْرِفُ رَفْرَفَةٌ *battre* (ailes), *flotter* (drapeau);

تَرْجَمَ يُتَرْجِمُ تَرْجَمَةٌ *traduire*.

Les formes dérivées sont :

La **IIème forme** تَفَعْلَلَ يَتَفَعْلَلُ تَفَعْلُلٌ , ex.

تَدَحْرَجَ يَتَدَحْرَجُ تَدَحْرُجٌ *rouler*;

تَدَهْوَرَ يَتَدَهْوَرُ تَدَهْوُرٌ *se déteriorer*.

La **IIIème forme** افْعَتْلَلَ يَفْعَتْلِلُ افْعِتْلَالٌ , ex.

اخْرَنْطَمَ يَخْرَنْطِمُ اخْرِنْطَامٌ *s'enorgueillir, être fier.*

La **IVème forme** افْعَلَلَّ يَفْعَلِلُّ افْعِلَّالٌ , ex.

اطْمَأَنَّ يَطْمَئِنُّ اطْمِئْنَانٌ *se calmer, s'apaiser*;

اقْشَعَرَّ يَقْشَعِرُّ اقْشِعْرَارٌ *être saisi de frissons.*

94

56. LES FORMES DERIVEES DU VERBE QUADRILITERE (2)
٥٦) أُوزَانُ الْفِعْلِ الرُّبَاعِيِّ (٢)

Parmi ces formes, seule la IIème forme est d'usage courant, et elle est souvent passive, alors que la Ière forme est active ou causative. On forge aussi habituellement des verbes de ce genre à partir de noms, ex.

تَفَلْسَفَ يَتَفَلْسَفُ *philosopher* de فَيْلَسُوفٌ un philosophe;

تَمَسْلَمَ *devenir un musulman*;

تَأَمْرَكَ *être comme* (ou devenir) *un américain.*

95

57. *MAṢDAR*
INFINITIF OU NOM VERBAL

٥٧) اَلْمَصْدَرُ

اَلْمَصْدَرُ *Maṣdar* signifie l'endroit d'où provient une chose, une source. Les grammairiens arabes dérivent toute l'idée du verbe de l'idée simple de ce substantif. On peut le comparer à l'infinitif grec employé avec un article comme un substantif.

Ce mot désigne un nom verbal abstrait déclinable qui n'a, en général, ni duel ni pluriel, et qui exprime une action ou une manière d'être sans aucune idée de temps, de nombre ou de personne.

Il est ainsi appelé parce que certains grammairiens le considèrent comme la source de laquelle dérive le verbe. D'autres grammairiens considèrent le verbe à l'accompli (principalement la 3ème personne du masculin singulier) comme la racine étymologique, parce qu'il ne contient que les trois lettres radicales, ex. دَخَلَ *il est entré, il entra* (alors que le nom verbal a souvent une lettre ou plus de trop, ex. دُخُولٌ qui est le nom verbal de دَخَلَ *entrer*).

On lui donne cette appellation du nom verbal, parce qu'il possède deux fonctions :

a) **verbale**, parce qu'il a son propre objet, ex.

96

57. *MAṢDAR* INFINITIF OU NOM VERBAL (2)
٥٧) اَلْمَصْدَرُ (٢)

اَلْمُعَلِّمُ مَسْرُورٌ لِفَهْمِ الطَّالِبِ الدَّرْسَ *le professeur est content, parce que l'élève comprend la leçon* (litt. *le professeur est content pour la compréhension de l'élève la leçon*).

Le nom verbal فَهْمٌ *compréhension* a un sujet, اَلطَّالِبُ *l'étudiant*, et un objet, اَلدَّرْسَ *la leçon*. Tandis que le sujet se met au géni- tif, l'ob- jet se met à l'accusatif.

b) **nominale** : nous pourrions parler, en arabe moderne, de تَنْسِيقٌ *coordination*, mais ce mot, en réalité, est le nom verbal de نَسَّقَ *coor- donner*.

Il existe aussi une phrase intermédiaire dans laquelle le *Maṣdar* agit grammaticalement, exactement comme un nom, bien que la force ver- bale ne soit pas absente, ex.

مَمْنُوعٌ الدُّخُولُ وَالتَّدْخِينُ وَالْبُصَاقُ وَوَقُوفُ السَّيَّارَاتِ *il est interdit d'entrer, de fumer, de cracher et de stationner.*

En d'autres termes, on l'appelle nom verbal, parce qu'il a un double sens en tant que nom (substantif) et en tant que verbe, ex.

أُحِبُّ الاقْتِصَادَ *a le sens, à la fois, de* j'aime l'économie *et* j'aime économiser, *étant donné que* اقْتِصَادٌ *veut dire à la fois* économie *et* économiser.

97

57. *MAṢDAR* INFINITIF OU NOM VERBAL (3)

٥٧) اَلْمَصْدَرُ (٣)

Au lieu d'utiliser un nom verbal, on peut également utiliser un verbe conjugué au subjonctif, à la même personne que le verbe antérieur, précédé de la particule du subjonctif أَنْ, ex.

أُرِيدُ أَنْ أَكْتُبَ

je veux écrire (litt. *je veux que j'écrive*).

أُرِيدُ أَنْ أَكْتُبَ رِسَالَةً

je veux écrire une lettre (litt. *je veux que j'écrive une lettre*).

Au lieu de cette construction, on peut utiliser le nom vebal, ex.

أُرِيدُ الْكِتَابَةَ

je veux écrire (litt. *je veux l'écriture*);

أُرِيدُ كِتَابَةَ رِسَالَةٍ

je veux écrire une lettre (litt. *je veux l'écriture d'une lettre*).

Les lexicographes arabes donnent au *Maṣdar* la troisième place après l'énonciation de l'accompli et de l'inaccompli et le mettent à l'accusatif régi par son propre verbe. Ainsi disent-ils :

كَتَبَ يَكْتُبُ كِتَابَةً

il a écrit, il écrit ou écrira, une action d'écrire (une

58. LES FORMES DU NOM VERBAL 'PAR OUI-DIRE'

٥٨) أَوْزَانُ الْمَصْدَرِ السَّمَاعِيِّ

En ce qui concerne les formes, il existe deux types de nom verbal : اَلْمَصْدَرُ السَّمَاعِيُّ **par oui-dire, irrégulier, fondé sur l'usage.** Ceci ne concerne que les formes du nom verbal des verbes trilitères primitifs ou de la forme simple et pour lesquelles il n'existe pas de règle établie. Il existe plutôt un grand nombre (3 ou 4 douzaines) de formes utilisées chacune pour chaque verbe d'une manière arbitraire. L'étudiant doit les apprendre à l'aide du dictionnaire en même temps que le verbe à l'accompli et à l'inaccompli. Cependant, il existe un petit nombre de ces formes qui sont plus fréquentes que les autres; en voici la liste :

1) فَعْلٌ – فَتَحَ يَفْتَحُ فَتْحٌ *ouvrir;*

2) فَعْلٌ – عَلِمَ يَعْلَمُ عِلْمٌ *savoir;*

3) فُعْلٌ – شَرِبَ يَشْرَبُ شُرْبٌ *boire;*

4) فَعَلٌ – عَمِلَ يَعْمَلُ عَمَلٌ *travailler;*

99

5) فَعْلٌ – ضَحِكَ يَضْحَكُ ضَحِكٌ   *rire;*

6) فَعَالٌ – ذَهَبَ يَذْهَبُ ذَهَابٌ   *aller;*

7) فِعَالٌ – قَامَ يَقُومُ قِيَامٌ   *se lever;*

8) فُعَالٌ – سَأَلَ يَسْأَلُ سُؤَالٌ   *demander;*

9) فُعُولٌ – جَلَسَ يَجْلِسُ جُلُوسٌ   *s'asseoir;*

10) فِعَالَةٌ – كَتَبَ يَكْتُبُ كِتَابَةٌ   *écrire;*

11) فَعَلٌ – كَبُرَ يَكْبُرُ كِبَرٌ   *grandir;*

12) فَعَلَانٌ – دَارَ يَدُورُ دَوَرَانٌ   *tourner;*

13) فُعْلَانٌ – فَقَدَ يَفْقِدُ فُقْدَانٌ   *perdre;*

14) فِعْلَانٌ – نَسِيَ يَنْسَى نِسْيَانٌ   *oublier;*

15) مَفْعِلَةٌ – عَرَفَ يَعْرِفُ مَعْرِفَةٌ   *savoir.*

59. LES FORMES DU NOM VERBAL REGULIER

٥٩) أَوْزَانُ الْمَصْدَرِ الْقِيَاسِيِّ

الْمَصْدَرُ الْقِيَاسِيِّ **méthodique, régulier**, est le nom verbal des

formes dérivées des verbes trilitères et quadrilitères, dont voici la liste:

(II) تَفْعِيلٌ – تَعْلِيمٌ يُعَلِّمُ عَلَّمَ *enseigner;*

(III) مُفَاعَلَةٌ – مُسَاعَدَةٌ يُسَاعِدُ سَاعَدَ *aider;*

(IV) إِفْعَالٌ – إِعْلَامٌ يُعْلِمُ أَعْلَمَ *informer;*

(V) تَفَعُّلٌ – تَعَلُّمٌ يَتَعَلَّمُ تَعَلَّمَ *apprendre;*

(VI) تَفَاعُلٌ – تَعَاوُنٌ يَتَعَاوَنُ تَعَاوَنَ *coopérer;*

(VII) انْفِعَالٌ – انْسِحَابٌ يَنْسَحِبُ انْسَحَبَ *se retirer;*

(VIII) افْتِعَالٌ – اخْتِبَارٌ يَخْتَبِرُ اخْتَبَرَ *tester;*

(IX) افْعِلَالٌ – احْمِرَارٌ يَحْمَرُّ احْمَرَّ *rougir;*

(X) اسْتِفْعَالٌ – اسْتِعْمَالٌ يَسْتَعْمِلُ اسْتَعْمَلَ *utiliser.*

101

59. LES FORMES DU NOM VERBAL REGULIER (2)

٥٩) أَوْزَانُ الْمَصْدَرِ الْقِيَاسِيِّ (٢)

LES FORMES DU NOM VERBAL REGULIER DU VERBE QUADRILITERE ET DE SES FORMES DERIVEES

أَوْزَانُ الْمَصْدَرِ الْقِيَاسِيِّ لِلْفِعْلِ الرُّبَاعِيِّ الْمُجَرَّدِ وَالْمَزِيدِ

La forme du nom verbal du verbe quadrilitére simple

دَحْرَجَ يُدَحْرِجُ دَحْرَجَةٌ – فَعْلَلَةٌ *rouler.*

(II) تَدَهْوَرَ يَتَدَهْوَرُ تَدَهْوُرٌ – تَفَعْلُلٌ *se détériorer.*

(III) اِغْرَوْرَقَ يَغْرَوْرِقُ اِغْرِوْرَاقٌ – اِفْعِوْلَالٌ

اِغْرَوْرَقَتْ عَيْنَاهُ بِالدُّمُوعِ *ses yeux étaient baignés de larmes.*

(IV) اِطْمَأَنَّ يَطْمَئِنُّ اِطْمِئْنَانٌ – اِفْعِلَالٌ *être calme, tranquille,*

apaisé, détendu, paisible.

60. LE VERBE FORT

٦٠) اَلْفِعْلُ الصَّحِيحُ

Suivant la nature des consonnes radicales, le verbe est fort ou faible.

Le **verbe fort** est celui dont la racine ne renferme que des consonnes fortes non susceptibles de disparaître ni de changer.

Il y a trois sortes de verbes forts :

a) سَالِمٌ *sain*, un verbe exempt de toute anomalie, c'est-à-dire dont la 3ème radicale n'est pas identique à la 2ème, et n'ayant dans sa racine ni lettre faible, ni *hamza*, ex.

كَتَبَ *écrire (il a écrit)*;

b) مُضَاعَفٌ *double*, un verbe dont les deux dernières consonnes radicales sont identiques, se contractant dans certains cas en une seule consonne, ex.

عَدَّ *compter (il a compté)*;

c) مَهْمُوزٌ *hamzé*, un verbe dont l'une des trois radicales est une *hamza*, ex.

أَكَلَ *manger;* سَأَلَ *demander;* قَرَأَ *lire*.

Chacun de ces verbes sera traité séparément.

103

61. LE VERBE FAIBLE

٦١) اَلْفِعْلُ الْمُعْتَلُّ

Le **verbe faible** est celui dont la racine renferme une ou plusieurs lettres faibles susceptibles de disparaître entièrement dans la conjugaison. Il y a en fait trois lettres faibles : ا, و et ي; mais les grammairiens arabes ne reconnaissent pas les verbes *hamzés* comme étant des verbes faibles. Ainsi se limitent-ils à ceux qui contiennent و et ي.

On distingue quatre sortes de verbes faibles :

a) مِثَالٌ *assimilé*, un verbe dont la première radicale est *wāw* ou *yā*, ex.

وَجَدَ *trouver*   يَبِسَ *sécher*

b) أَجْوَفُ *concave*, un verbe dont la deuxième radicale est *wāw* ou *yā*, ex.

قَالَ *dire* (pour قَوَلَ)

عَاشَ *vivre* (pour عَيَشَ)

نَامَ *dormir* (pour نَوَمَ)

c) نَاقِصٌ *défectueux*, un verbe dont la troisième radicale était à l'origine une *wāw* ou une *yā*, mais qui peut s'écrire avec une *alif*, ex.

61. LE VERBE FAIBLE (2)

٦١) اَلْفِعْلُ الْمُعْتَلُّ (٢)

دَعَا (pour دَعَوَ) *inviter*

مَشَى (pour مَشَيَ) *marcher* .

نَسِيَ *oublier.*

سَرُوَ *être noble.*

d) لَفِيفٌ *doublement faible* ou *triplement faible*, un verbe dont deux, ou même trois radicales sont des lettres faibles, prenant la *hamza* comme une consonne faible. Ces verbes sont, apparemment, d'une fréquence rare. Cependant, certains d'entre eux sont d'usage courant, ex.

نَوَى *avoir l'intention.*

وَعَى *être conscient.*

رَأَى *voir.*

كَوَى *presser, repasser.*

أَوَى *s'abriter.*

Chacun de ces verbes sera traité séparément.

62. LES MODES

٦٢) اَلرَّفْعُ والنَّصبُ والْجَزمُ

L'accompli a trois modes :

1) اَلرَّفْعُ l'**indicatif** qui se distingue par la 3ème radicale affectée d'une *damma,* et cela lorsqu'il n'est pas précédé d'une des particules du jussif (voir ci-dessous) ou du subjonctif.

2) اَلنَّصبُ le **subjonctif** qui se distingue par la 3ème radicale affectée d'une *fatha,* lorsqu'il est précédé de la particule du subjonctif.

3) اَلْجَزمُ le **jussif** ou **apocopé** qui se distingue par la 3ème radicale affectée d'un *sukūn,* lorsqu'il est précédé de la particule du jussif.

Comparez les terminaisons de chacune des modes ci-dessous :

	1	2	3	4	5
Indicatif	ـُ	ـِينَ	ـَانَ	ـُونَ	ـْنَ
Jussif	ـْ	ـِي	ـَا	ـُوا	ـْنَ
Subjonctif	ـَ	ـِي	ـَا	ـُوا	ـْنَ

Terminaisons : 1) 1ère pers. sing. et plur.; 2ème pers. masc. sing.; 3ème pers. masc. et fém.; 2) 2ème pers. fém. sing.; 3) duel; 4) masc. plur.; 5) fém. plur.

Prenez bien note des différences et des similarités entre le jussif ou l'apocopé et le subjonctif.

63. LES PARTICULES DU SUBJONCTIF

حُرُوفُ النَّصْبِ (٦٣

Le **subjonctif de l'inaccompli** s'emploie après les particules

(conjonctions) suivantes :

1) أَنْ *que* (أَلَّا (à la place de أَنْ لَا) *que ne ... pas.*

أُرِيدُ أَنْ أَتَعَلَّمَ هَذِهِ اللُّغَةَ *je veux apprendre cette langue.*

2) لَنْ *ne ... pas*, au sens futur.

لَنْ أُخْطِئَ مَرَّةً أُخْرَى *je ne me tromperai pas encore une fois.*

3) لِ *afin que,* لِئَلَّا *afin que ne ... pas.*

4) كَيْ *afin que, en sorte que*, ou composé

لِكَيْ *afin que, en sorte que* ou كَيْلَا لِكَيْلَا *afin que ne ...*

pas.

يَعْمَلُ الْإِنْسَانُ لِكَيْ يَعِيشَ *l'homme travaille pour vivre (pour*

qu'il vive).

5) إِذَنْ *donc, alors, en ce cas, en sorte que.*

أَعْمَلُ كَثِيراً، إِذَنْ أُوَفَّقَ *je travaille beaucoup, donc je*

réussirai.

107

63. LES PARTICULES DU SUBJONCTIF (2)
٦٣) حُرُوفُ النَّصْبِ (٢)

6) لِ appelé *lām* de négation précédée de مَا كَانَ ou لَمْ يَكُنْ *il ne devait pas.*

7) حَتَّى *pour que, jusqu'à ce que.*

أَسُوقُ بِبُطْءٍ حَتَّى أَتَجَنَّبَ الْمُخَالَفَاتِ وَالْحَوَادثَ *je conduis lentement afin d'éviter les contraventions et les accidents.*

8) فَ appelée *fā* causative constituant une réponse à une proposition volitive ou à une proposition interrogative ou absolument négative.

زُرْنِي فَأُكْرِمَكَ *Visite-moi afin que je je t'honore.*

9) وَ appelée *wāw* de concomitance.

لَا تَأْكُلْ وَتَتَكَلَّمَ *Ne parle pas en mangeant en même temps.*

10) أَوْ quand il est équivalent à إِلَّا أَنْ *à moins que* ou à إِلَى أَنْ ou حَتَّى *jusqu'à ce que.*

لَأَسْتَسْهِلَنَّ الصَّعْبَ أَوْ أُدْرِكَ الْمُنَى *Je considèrerai toute chose difficiel facile jusqu'à ce que j'atteindrai mes voeux .*

64. LES PARTICULES DU JUSSIF

٦٤) حُرُوفُ الْجَزْمِ

Le **jussif** s'emploie seul pour exprimer un impératif, et après les particules suivantes qui consistent en deux types : a) introduisant un verbe au jussif; b) introduisant deux verbes au jussif dans des phrases au conditionnel.

a) Voici les particules qui introduisent un verbe au jussif :

1) لَمْ *ne ... pas* dans le passé

لَمْ أُسَافِرْ *je n'ai pas voyagé.*

2) لَمَّا une extension de لَمْ *ne ... pas encore.*

لَمَّا أَكْتُبْ وَاجِبَاتِي *je n'ai pas encore fait mes devoirs.*

3) لِ appelée لَامُ الْأَمْرِ **la\m** *de commandement* préfixée à la place de l'impératif. Précédée de l'une des deux conjonctions وَ ou فَ, لِ perd sa voyelle :

لِتَكْتُبْ دَرْسَكَ *que tu écrives ta leçon;*

فَلْنَذْهَبْ ou وَلْنَذْهَبْ *allons y.*

64. LES PARTICULES DU JUSSIF (2)

٦٤) حُرُوفُ الجَزْمِ (٢)

4) لَ appelé لَا النَّاهِيَةُ *la\ de la défense*, quand il s'agit d'une demande

d'abstention d'un supérieur à un inférieur, et *de prière*,

quand il s'agit d'une demande d'abstention d'un inférieur à un

supérieur :

لَا تَتَرَدَّدْ كَثيراً *n'hésite pas trop*.

b) Les suivantes sont le 12 particules du jussif conditionnel qui

introduisent les deux verbes au jussif :

5) إِنْ *si*.

إِنْ تُخْلِصْ فِي عَمَلِكَ تَنْجَحْ *si tu es sincère dans ton travail,*

tu réussiras.

6) مَا *quoi, que*.

مَا تَزْرَعْ تَحْصَدْ *ce que tu sèmes, tu récolteras.*

7) مَنْ *quiconque* .

مَنْ يَعْمَلْ خَيْراً يَجِدْ خَيْراً *qui fait du bien, trouve du bien.*

64. LES PARTICULES DU JUSSIF (3)
٦٤) حُرُوفُ الجَزْمِ (٣)

8) مَهْمَا *toutes les fois que.*

مَهْمَا تَشْرَحْ لَهُ لَا يَفْهَمْ *quoique tu lui expliques, il n comprend*

pas.

9) إِذْ مَا *quand, lorsque, chaque fois que.*

إِذْ مَاتَأْت تَجِدْ مَا يَسُرُّكَ *chaque fois que tu vie trouves ce qui te*

ait plaisir.

10) أَيُّ *quel que soit.*

أَيُّ إِنْسَانٍ يَحْتَجْ إِلَى مُسَاعَدَتِي أُسَاعِدْهُ *quel que soit la*

personne qui a besoin de mon aide, je l'aiderai.

11) مَتَى *aussi longtemps que.*

12) أَيَّانَ *à quelque moment que.*

13) أَيْنَ *partout où.*

14) أَيْنَمَا *où que, partout où.*

15) أَنَّى *de quelque façon que, en quelque lieu que.*

مَتَى، أَيَّان، أَيْنَمَا، أَنَّى ont plus ou moins la même

signification :

مَتَى، أَيَّان، أَيْنَمَا، أَنَّى تُسَافِرْ أُسَافِرْ مَعَكَ *chaque fois que tu*

voyages, je voyage avec toi.

أَيْنَمَا، أَنَّى تَخْتَبِئْ أَجِدْكَ *où que tu te caches, je te trouve.*

16) حَيْثُمَا *partout où, en quelque lieu que.*

17) كَيْفَمَا *de quelque manière que.*

كَيْفَمَا تُعَامِلْ تُعَامَلْ *de quelque manière que tu traites les*

autres, tu es traité autant.

A noter que le *sukūn* du jussif devient une *kasra* devant l'article اَلْ.

65. LES PRONOMS INDICATIFS PROEMINENTS

٦٥) ضَمَائِرُ الرَّفْعِ الْبَارِزَةُ

Il y a deux sortes de **pronoms indicatifs proéminents** :

a) Pronoms affixés à l'accompli qui sont les suivants :

(i) التَّاءُ *tā'*, pour les personnes suivantes :

la 1ère du singulier;

la 2ème du masculin et du féminin singulier;

la 2ème du duel;

la 2ème du masculin et du féminin pluriel;

la 3ème du féminin singulier.

(ii) نَا *nā*, pour la 1ère du pluriel;

(iii) أَلِفُ الْإِثْنيْنِ *alif du duel*, pour

la 3ème du masculin duel;

(iv) وَاوُ الْجَمَاعَةِ *wāw du pluriel*, pour

la 2ème et la 3ème du masculin pluriel;

65. LES PRONOMS INDICATIFS PROEMINENTS (2)

٦٥) ضَمَائِرُ الرَّفْعِ الْبَارِزَةِ (٢)

(v) نُونُ النِّسْوَةِ *nūn* du féminin pluriel.

b) Pronoms affixés à l'inaccompli.

(i) يَاءُ الْمُخَاطَبَةِ *yā'* de la 2ème du féminin singulier;

(ii) أَلِفُ الْإِثْنَيْنِ *alif* du duel;

(iii) وَاوُ الْجَمَاعَةِ *wāw* du pluriel, pour

les 2ème et 3ème du masculin pluriel;

(iv) نُونُ النِّسْوَةِ *nūn* du féminin pluriel.

66. L'ATTRIBUTION DES VERBES FORTS ET DES VERBES FAIBLES AUX PRONOMS PROEMINENTS

٦٦) إِسْنَادُ الْأَفْعَالِ الصَّحِيحَةِ وَالْمُعْتَلَّةِ

إِلَى الضَّمَائِرِ الْبَارِزَةِ

1) Attribution des verbes sains, hamzés et assimilés aux pronoms proéminents

إِسْنَادُ السَّالِمِ وَالْمَهْمُوزِ وَالْمِثَالِ إِلَى الضَّمَائِرِ

(I) Quand les verbes sains, hamzés et assimilés sont attribués aux pronoms proéminents, aucun changement n'a lieu dans les verbes.

2) Attribution des verbes doubles et concaves aux pronoms

إِسْنَادُ الْمُضَاعَفِ وَالْأَجْوَفِ إِلَى ضَمَائِرِ الرَّفْعِ الْبَارِزَةِ

(II) L'assimilation n'a pas lieu, quand le verbe double est attribué à un pronom vocalisé, ex.

عَدَدْتُ *j'ai compté;* تَعْدُدْنَ *vous* (f.p.) *comptez.*

(III) L'assimilation a lieu, quand le verbe double est attribué

à un pronom non vocalisé, ex.

عَدَّتْ *elle a compté* تَعُدُّونَ *vous* (m.p.) *comptez.*

Remarque : Une voyelle longue est considérée comme un *sukūn*.

(IV) Quand le verbe concave est attribué à un pronom proéminent,
et sa 3ème radicale porte un *sukūn*, sa lettre de défection est éliminée,
ex. :

قُلْتُ *j'ai dit*, تَقُلْنَ *vous* (f.p.) *dites.*

Remarque : Les lettres de défection sont ا, و et ي.

3) Attribution de l'accompli défectueux
aux pronoms proéminents
إِسْنَادُ الْمَاضِى النَّاقِصِ إِلَى ضَمَائِرِ الرَّفْعِ الْبَارِزَةِ

(V) Quand l'accompli défectueux est attribué à وَاوُ الْجَمَاعَةِ *wāw*
du masculin pluriel, la lettre de défection est éliminée, et la *fatḥa* qui
précède la *wāw* est retenue, si l'éliminé est une *'alif,* comme dans :

66. L'ATTRIBUTION DES VERBES FORTS ET DES VERBES FAIBLES AUX PRONOMS PROEMINENTS (3)

٦٦) إِسْنَادُ الأَفْعَالِ الصَّحِيحَةِ وَالْمُعْتَلَّةِ إِلَى الضَّمَائِرِ الْبَارِزَةِ (٣)

دَعَوْا *ils ont invité* du verbe دَعَا, et

مَشَوْا *ils ont marché* du verbe مَشَى.

Dans le cas contraire, la **fatḥa** se transforme en **ḍamma**, si l'éliminé est une **yāʾ** ou une **wāw**, comme dans :

نَسُوا *ils ont oublié* du verbe نَسِيَ, et

سَرُوا *ils étaient nobles* du verbe سَرُوَ.

(VI) Quand l'accompli défectueux se termine par une **yāʾ** ou une **wāw**, comme dans les exemples précédents, et il est attribué à d'autres pronoms que وَاوُ الْجَمَاعَة **wāw** *du masculin pluriel*, aucun changement n'a lieu dans le verbe,

سَرُوتُ، سَرُونَا، سَرُوا، سَرُونَ / نَسِيتُ، نَسِينَا، نَسِيَا، نَسِينَ

(VII) Quand l'accompli défectueux se termine par une **'alif**, et il est attribué à d'autres pronoms que وَاوُ الْجَمَاعَة

a) s'il s'agit d'un verbe trilitère simple, I **'alif** retourne à sa lettre d'origine, ex.

دَعَوْتُ du verbe دَعَا dont l'origine est دَعَوَ.

مَشَيْتُ du verbe مَشَى dont l'origine est مَشَيَ.

b) s'il s'agit d'un verbe augmenté, I **'alif** se transforme en une **yāʾ**, ex.

117

.اِشْتَرَى *j'ai acheté* du verbe اِشْتَرَيْتُ

4) Attribution de l'inaccompli et de l'impératif défectueux aux pronoms proéminents de l'indicatif

إِسْنَادُ الْمَاضِى النَّاقِصِ إِلَى ضَمَائِرِ الرَّفْعِ الْبَارِزَةِ

(VIII) Quand l'inaccompli défectueux se termine par une *'alif*, une *yā'*, ou une *wāw*, et il est attribué à يَاءُ الْمُخَاطَبَةِ, c'est-à-dire la 2ème personne du féminin singulier et وَاوُ الْجَمَاعَةِ, c'est-à-dire le masculin pluriel, sa lettre de défection est éliminée, et la *fatḥa* de la précédente consonne est retenue :

a) si la lettre de défection est une *'alif*, ex.

تَنْسَيْنَ (2ème fém. sing.); تَنْسَوْنَ (2ème masc. plur.).

a) si la lettre de défection est une *yā'* ou une *wāw*,

(i) la voyelle de la consonne qui précède يَاءُ الْمُخَاطَبَةِ serait, naturellement, une *kasra*, comme dans

118

66. L'ATTRIBUTION DES VERBES FORTS ET DES VERBES FAIBLES AUX PRONOMS PROEMINENTS (5)

٦٦) إِسْنَادُ الأَفْعَالِ الصَّحِيحَةِ وَالْمُعْتَلَّةِ إِلَى الضَّمَائِرِ الْبَارِزَةِ (٥)

تَمْشِينَ de l'inaccompli يَمْشِي .

تَدْعِينَ de l'inaccompli يَدْعُو .

(ii) la voyelle de la consonne qui précède وَاوُ الْجَمَاعَةِ serait, naturellement, une *damma*, comme dans

تَمْشُونَ   تَدْعُونَ .

(IX) Quand l'inaccompli défectueux se termine par une 'alif, et il est attribué à أَلِفُ الْإِثْنَيْنِ et نُونَ النِّسْوَةِ, l''alif se transforme en une *yā'*, ex.

تَنْسَيَانِ   تَنْسَيْنَ .

(X) Quand l'inaccompli défectueux se termine par une *yā'* ou une *wāw*, et il est attribué à أَلِفُ الْإِثْنَيْنِ ou نُونَ النِّسْوَةِ, aucun changement n'a lieu dans le verbe, ex.

تَمْشِيَانِ   تَدْعُوَانِ .

تَمْشِينَ   تَدْعُونَ .

67. LES VERBES INVARIABLES ET LES VERBES FLEXIONNELS

٦٧) عَلَامَاتُ إِعْرَابِ الْفِعْلِ

Un verbe est soit invariable soit flexionnel.

1) اَلْمَبْنِي مِنَ الْأَفْعَال les **verbes invariables** sont les verbes dont la dernière radicale ne change pas :

   a) les verbes à l'accompli

   b) les verbes à l'impératif.

   c) les verbes à l'inaccompli qui se terminent en نُونُ النِّسْوَةِ *nūn* du *féminin pluriel.*

2) اَلْمُعْرَبُ مِنَ الْأَفْعَالِ les **verbes flexionnels** sont les verbes dont la dernière radicale change. Ce sont les verbes à l'inaccompli, excepté les verbes des deuxième et troisième personnes du féminin pluriel qui se terminent par le suffixe *nūn*, précédé d'un *sukūn* et qui ne changent pas.

68. LES FLEXIONS DE L'INDICATIF DE L'INACCOMPLI

٦٨) رَفْعُ الْفِعْلِ الْمُضَارِعِ

رَفْعُ الْفِعْلِ الْمُضَارِعِ **l'indicatif de l'inaccompli**. L'inaccompli se met à l'indicatif quand il n'est pas précédé d'une des particules du subjonctif ou du jussif. Les flexions de l'indicatif sont les suivantes :

a) la *ḍamma* ـُ comme dans :

أَنَا أَكْتُبُ – نَحْنُ نَكْتُبُ – أَنْتَ تَكْتُبُ – هُوَ يَكْتُبُ – هِيَ تَكْتُبُ

b) la fixité de *nūn* ثُبُوتُ النُّونِ dans les cinq verbes qui sont les suivants :

يَفْعَلَانِ – تَفْعَلَانِ – يَفْعَلُونَ – تَفْعَلُونَ – تَفْعَلِينَ

Ce sont les verbes auxquels sont attachés أَلِفُ الْإِثْنَيْنِ l'*alif* du *duel,* يَاءُ الْمُخَاطَبَةِ la *yā* de la وَاوُ الْجَمَاعَةِ la *wāw* du pluriel (m.) et deuxième personne du féminin singulier, ex.

أَنْتُمَا تَكْتُبَانِ	هُمَا يَكْتُبَانِ
أَنْتُمْ تَكْتُبُونَ	هُمْ يَكْتُبُونَ
أَنْتِ تَكْتُبِينَ	

68. LES FLEXIONS DE L'INDICATIF DE L'INACCOMPLI (2)

٦٨) رَفْعُ الفِعْلِ المُضَارِعِ (٢)

Dans les verbes défectueux, c'est-à-dire les verbes qui se termi
nent en une lettre de prolongation (*'alif, wāw* ou *yā'*), la *ḍamma* est مُقَدَّرَةٌ *virtuelle*, elle n'est pas exprimée, dans les verbes forts, ex.

يَنْسَى (*il oublie*), verbe se terminant par une *'alif maqṣūrá*

يَدْعُو (*il invite*), verbe se terminant par une *wāw*

يَمْشِي (*il marche*), verbe se terminant par une *yā'*.

Dans ces trois verbes, la *ḍamma* n'est pas exprimée; en d'autres termes, elle est virtuelle.

69. LES FLEXIONS DU SUBJONCTIF DE L'INACCOMPLI

٦٩) نَصْبُ الْفِعْلِ الْمُضَارِعِ

نَصْبُ الْفِعْلِ الْمُضَارِعِ le **subjonctif de l'inaccompli**. L'inaccompli se met au subjonctif quand il est précédé d'une des particules du sub-jonctif. Les flexions du subjonctif sont les suivantes :

a) la *fatḥa* ‑ prend la place de la *ḍamma* comme dans :

لَنْ أَكْتُبَ – لَنْ نَكْتُبَ – لَنْ تَكْتُبَ – لَنْ يَكْتُبَ – لَنْ تَكْتُبَ

b) La chute de la *nūn* حَذْفُ النُّونِ dans les cinq verbes, comme dans

لَنْ تَكْتُبَا – لَنْ يَكْتُبَا – لَنْ تَكْتُبُوا – لَنْ يَكْتُبُوا – لَنْ تَكْتُبِي

Remarque : l'*alif* terminale des deuxième et troisième per-sonnes س du masculin pluriel (comme dans la troisième personne du pluriel de l'inaccompli) est sans valeur phonétique et purement gra-phique.

Il est à noter aussi que les terminaisons des cinq verbes sont les mêmes au subjonctif et au jussif.

123

69. LES FLEXIONS DU SUBJONCTIF DE L'INACCOMPLI (2)

٦٩) نَصْبُ الْفِعْلِ الْمُضَارِعِ (٢)

Dans les verbes défectueux, c'est-à-dire les verbes qui se terminent par une lettre de prolongation : ('*alif, wāw* ou *yā*'), la *ḍamma* est

a) مُقَدَّرَةٌ *virtuelle*, c'est-à-dire elle n'est pas exprimée si la lettre de prolongation est une '*alif*, comme dans :

لَنْ يَنْسَى *il n'oubliera pas.*

b) ظَاهِرَةٌ *externe*, c'est-à-dire elle est exprimée, si la lettre de prolongation est une *wāw* ou une *yā*' ; comme dans :

لَنْ يَدْعُوَ *il n'invitera pas.*

لَنْ يَمْشِيَ *il ne marchera pas.*

70. LES FLEXIONS DU
JUSSIF DE L'INACCOMPLI

٧٠) جَزْمُ الْفِعْلِ الْمُضَارِعِ

جَزْمُ الْفِعْلِ الْمُضَارِعِ le **subjonctif de l'inaccompli**. L'inaccompli
se met au jussif quand il est précédé d'une des particules du jussif. Les
flexions du jussif sont les suivantes :

a) le *sukūn* ـْ qui prend la place de la *ḍamma* comme dans :

لَمْ أَكْتُبْ – لَمْ نَكْتُبْ – لَمْ تَكْتُبْ – لَمْ يَكْتُبْ – لَمْ تَكْتُبْ

b) La chute de la *nūn* حَذْفُ النُّونِ dans les cinq verbes, comme
dans

لَمْ تَكْتُبَا – لَمْ يَكْتُبَا – لَمْ تَكْتُبُوا – لَمْ يَكْتُبُوا – لَمْ تَكْتُبِي

c) l'élimination de la lettre défectueuse dans les verbes défectueux,
comme dans :

لَمْ يَنْسَ   لَمْ يَدْعُ   لَمْ يَمْشِ

Remarque : l'*alif* terminale des deuxième et troisième personnes
du masculin pluriel (comme dans la troisième personne du pluriel de
l'inaccompli) est sans valeur phonétique et purement graphique.

Il est à noter aussi que les terminaisons des cinq verbes sont les
mêmes au jussif et au subjonctif.

71. CONJUGAISON DES VERBES

٧١) تَصْرِيفُ الأَفْعَالِ

Les tableaux suivants sont des tableaux de conjugaison. Ils re- pré-sentent les types de verbes les plus importants. Ils peuvent servir de modèles pour conjuguer presque n'importe quel verbe.

1) Le verbe sain   ١) اَلْفِعْلُ السَّالِمُ

2) Le verbe double   ٢) اَلْفِعْلُ الْمُضَاعَفُ

3) Le verbe hamzé (1)   ٣) اَلْفِعْلُ الْمَهْمُوزُ(١)

4) Le verbe hamzé (2)   ٤) اَلْفِعْلُ الْمَهْمُوزُ (٢)

5) Le verbe assimilé   ٥) اَلْفِعْلُ الْمِثَالُ

6) Le verbe concave (1)   ٦) اَلْفِعْلُ الأَجْوَفُ (١)

7) Le verbe concave (2)   ٧) اَلْفِعْلُ الأَجْوَفُ (٢)

8) Le verbe concave (3)   ٨) اَلْفِعْلُ الأَجْوَفُ (٣)

9) Le verbe défectueux (1)   ٩) اَلْفِعْلُ النَّاقِصُ (١)

10) Le verbe défectueux (2)   ١٠) اَلْفِعْلُ النَّاقِصُ (٢)

11) Le verbe défectueux (3)   ١١) اَلْفِعْلُ النَّاقِصُ (٣)

12) Le verbe doublement faible   ١٢) اَلْفِعْلُ اللَّفِيف

13) Le verbe "*voir*"   ١٣) فِعْلُ "رَأَى"

14) Le verbe "v*enir*"   ١٤) فِعْلُ "جَاءَ"

Tableau N° 1 - Le verbe sain - écrire * كَتَبَ - الفعل السالم - الجدول رقم ١

	Impératif — أمر	Jussif — مجزوم	Subjonctif — منصوب	Inaccompli — مضارع	Accompli — ماضي	
1P.s.		أَكْتُبْ	أَكْتُبَ	أَكْتُبُ	كَتَبْتُ	أنا
p.		نَكْتُبْ	نَكْتُبَ	نَكْتُبُ	كَتَبْنا	نحن
2P.m.s.	اُكْتُبْ	تَكْتُبْ	تَكْتُبَ	تَكْتُبُ	كَتَبْتَ	أنتَ
f.s.	اُكْتُبي	تَكْتُبي	تَكْتُبي	تَكْتُبينَ	كَتَبْتِ	أنتِ
d.	اُكْتُبا	تَكْتُبا	تَكْتُبا	تَكْتُبانِ	كَتَبْتُما	أنتما
m.p.	اُكْتُبوا	تَكْتُبوا	تَكْتُبوا	تَكْتُبونَ	كَتَبْتُم	أنتم
f.p.	اُكْتُبْنَ	تَكْتُبْنَ	تَكْتُبْنَ	تَكْتُبْنَ	كَتَبْتُنَّ	أنتنّ
3P.m.s.		يَكْتُبْ	يَكْتُبَ	يَكْتُبُ	كَتَبَ	هو
f.s.		تَكْتُبْ	تَكْتُبَ	تَكْتُبُ	كَتَبَتْ	هي
m.d.		يَكْتُبا	يَكْتُبا	يَكْتُبانِ	كَتَبا	هما
f.d.		تَكْتُبا	تَكْتُبا	تَكْتُبانِ	كَتَبَتا	هما
m.p.		يَكْتُبوا	يَكْتُبوا	يَكْتُبونَ	كَتَبوا	هم
f.p.		يَكْتُبْنَ	يَكْتُبْنَ	يَكْتُبْنَ	كَتَبْنَ	هنّ

127

Tableau N° 2 - Le verbe double – *compter* * عَدَّ – الفعل المضاعف – الجدول رقم ٢

	Impératif أمر	Jussif مجزوم	Subjonctif منصوب	Inaccompli مضارع	Accompli ماضي	
1P.s.		أَعْدُدْ ou أَعُدَّ	أَعُدَّ	أَعُدُّ	عَدَدْتُ	أنا
p.		نَعْدُدْ ou نَعُدَّ	نَعُدَّ	نَعُدُّ	عَدَدْنَا	نحن
2P.m.s.	اُعْدُدْ ou عُدَّ	تَعْدُدْ ou تَعُدَّ	تَعُدَّ	تَعُدُّ	عَدَدْتَ	أنتَ
f.s.	عُدِّي	تَعُدِّي	تَعُدِّي	تَعُدِّينَ	عَدَدْتِ	أنتِ
d.	عُدَّا	تَعُدَّا	تَعُدَّا	تَعُدَّانِ	عَدَدْتُمَا	أنتما
m.p.	عُدُّوا	تَعُدُّوا	تَعُدُّوا	تَعُدُّونَ	عَدَدْتُمْ	أنتم
f.p.	اُعْدُدْنَ	تَعْدُدْنَ	تَعْدُدْنَ	تَعْدُدْنَ	عَدَدْتُنَّ	أنتنّ
3P.m.s.		يَعْدُدْ ou يَعُدَّ	يَعُدَّ	يَعُدُّ	عَدَّ	هو
f.s.		تَعْدُدْ ou تَعُدَّ	تَعُدَّ	تَعُدُّ	عَدَّتْ	هي
m.d.		يَعُدَّا	يَعُدَّا	يَعُدَّانِ	عَدَّا	هما
f.d.		تَعُدَّا	تَعُدَّا	تَعُدَّانِ	عَدَّتَا	هما
m.p.		يَعُدُّوا	يَعُدُّوا	يَعُدُّونَ	عَدُّوا	هم
f.p.		يَعْدُدْنَ	يَعْدُدْنَ	يَعْدُدْنَ	عَدَدْنَ	هنّ

128

Tableau N° 3 - Le verbe hamzé - *manger* * أكَلَ – أَكُلُ – اُكُلُ – الفِعْلُ المَهْمُوز – الجَدْوَلُ رَقْم ٣

	Impératif أمْر	Jussif مجزوم	Subjonctif منصوب	Inaccompli مضارع	Accompli ماضى	
1P.s.		آكُلْ	آكُلَ	آكُلُ	أكَلْتُ	أنا
p.		نأكُلْ	نأكُلَ	نأكُلُ	أكَلْنا	نحن
2P.m.s.	كُلْ	تأكُلْ	تأكُلَ	تأكُلُ	أكَلْتَ	أنتَ
f.s.	كُلي	تأكُلي	تأكُلي	تأكُلينَ	أكَلْتِ	أنتِ
d.	كُلا	تأكُلا	تأكُلا	تأكُلانِ	أكَلْتُما	أنتما
m.p.	كُلوا	تأكُلوا	تأكُلوا	تأكُلونَ	أكَلْتُمْ	أنتم
f.p.	كُلْنَ	تأكُلْنَ	تأكُلْنَ	تأكُلْنَ	أكَلْتُنَّ	أنتنَّ
3P.m.s.		يأكُلْ	يأكُلَ	يأكُلُ	أكَلَ	هو
f.s.		تأكُلْ	تأكُلَ	تأكُلُ	أكَلَتْ	هي
m.d.		يأكُلا	يأكُلا	يأكُلانِ	أكَلا	هما
f.d.		تأكُلا	تأكُلا	تأكُلانِ	أكَلَتا	هما
m.p.		يأكُلوا	يأكُلوا	يأكُلونَ	أكَلوا	هم
f.p.		يأكُلْنَ	يأكُلْنَ	يأكُلْنَ	أكَلْنَ	هنَّ

Tableau N° 4 - Le verbe hamzé - *lire* * قَرَأَ – الفعل المهموز – الجدول رقم – ٤

	Impératif أَمْر	Jussif مجزوم	Subjonctif منصوب	Inaccompli مضارع	Accompli ماضي
1P.s.		أَقْرَأْ	أَقْرَأَ	أَقْرَأُ	قَرَأْتُ
p.		نَقْرَأْ	نَقْرَأَ	نَقْرَأُ	قَرَأْنَا
2P.m.s.	اِقْرَأْ	تَقْرَأْ	تَقْرَأَ	تَقْرَأُ	قَرَأْتَ
f.s.	اِقْرَئِي	تَقْرَئِي	تَقْرَئِي	تَقْرَئِينَ	قَرَأْتِ
d.	اِقْرَآ	تَقْرَآ	تَقْرَآ	تَقْرَآنِ	قَرَأْتُمَا
m.p.	اِقْرَؤُوا	تَقْرَؤُوا	تَقْرَؤُوا	تَقْرَؤُونَ	قَرَأْتُمْ
f.p.	اِقْرَأْنَ	تَقْرَأْنَ	تَقْرَأْنَ	تَقْرَأْنَ	قَرَأْتُنَّ
3P.m.s.		يَقْرَأْ	يَقْرَأَ	يَقْرَأُ	قَرَأَ
f.s.		تَقْرَأْ	تَقْرَأَ	تَقْرَأُ	قَرَأَتْ
m.d.		يَقْرَآ	يَقْرَآ	يَقْرَآنِ	قَرَآ
f.d.		تَقْرَآ	تَقْرَآ	تَقْرَآنِ	قَرَأَتَا
m.p.		يَقْرَؤُوا	يَقْرَؤُوا	يَقْرَؤُونَ	قَرَؤُوا
f.p.		يَقْرَأْنَ	يَقْرَأْنَ	يَقْرَأْنَ	قَرَأْنَ

130

Tableau N° 5 - Le verbe assimilé - *arriver* * وَصَلَ - الفعل المثال - الجدول رقم 5

	Impératif أمْر	Jussif مجزوم	Subjonctif منصوب	Inaccompli مضارع	Accompli ماضي	
1P.s.		أَصِلْ	أَصِلَ	أَصِلُ	وَصَلْتُ	أنا
p.		نَصِلْ	نَصِلَ	نَصِلُ	وَصَلْنَا	نحن
2P.m.s.	صِلْ	تَصِلْ	تَصِلَ	تَصِلُ	وَصَلْتَ	أنتَ
f.s.	صِلِي	تَصِلِي	تَصِلِي	تَصِلِينَ	وَصَلْتِ	أنتِ
d.	صِلَا	تَصِلَا	تَصِلَا	تَصِلَانِ	وَصَلْتُمَا	أنتما
m.p.	صِلُوا	تَصِلُوا	تَصِلُوا	تَصِلُونَ	وَصَلْتُمْ	أنتم
f.p.	صِلْنَ	تَصِلْنَ	تَصِلْنَ	تَصِلْنَ	وَصَلْتُنَّ	أنتنّ
3P.m.s.		يَصِلْ	يَصِلَ	يَصِلُ	وَصَلَ	هو
f.s.		تَصِلْ	تَصِلَ	تَصِلُ	وَصَلَتْ	هي
m.d.		يَصِلَا	يَصِلَا	يَصِلَانِ	وَصَلَا	هما
f.d.		تَصِلَا	تَصِلَا	تَصِلَانِ	وَصَلَتَا	هما
m.p.		يَصِلُوا	يَصِلُوا	يَصِلُونَ	وَصَلُوا	هم
f.p.		يَصِلْنَ	يَصِلْنَ	يَصِلْنَ	وَصَلْنَ	هنّ

131

Tableau N° 6 - Le verbe concave - *dire* * قَالَ – الحَرْفُ الأَجْوَفُ – الفِعْلُ الجَدْوَلُ رَقَمْ ٦

	Impératif أَمْر	Jussif مَجْزُوم	Subjonctif مَنْصُوب	Inaccompli مُضَارِع	Accompli مَاضِي	
1P.s.		أَقُلْ	أَقُولَ	أَقُولُ	قُلْتُ	أَنَا
p.		نَقُلْ	نَقُولَ	نَقُولُ	قُلْنَا	نَحْنُ
2P.m.s.	قُلْ	تَقُلْ	تَقُولَ	تَقُولُ	قُلْتَ	أَنْتَ
f.s.	قُولِي	تَقُولِي	تَقُولِي	تَقُولِينَ	قُلْتِ	أَنْتِ
d.	قُولَا	تَقُولَا	تَقُولَا	تَقُولَانِ	قُلْتُمَا	أَنْتُمَا
m.p.	قُولُوا	تَقُولُوا	تَقُولُوا	تَقُولُونَ	قُلْتُمْ	أَنْتُمْ
f.p.	قُلْنَ	تَقُلْنَ	تَقُلْنَ	تَقُلْنَ	قُلْتُنَّ	أَنْتُنَّ
3P.m.s.		يَقُلْ	يَقُولَ	يَقُولُ	قَالَ	هُوَ
f.s.		تَقُلْ	تَقُولَ	تَقُولُ	قَالَتْ	هِيَ
m.d.		يَقُولَا	يَقُولَا	يَقُولَانِ	قَالَا	هُمَا
f.d.		تَقُولَا	تَقُولَا	تَقُولَانِ	قَالَتَا	هُمَا
m.p.		يَقُولُوا	يَقُولُوا	يَقُولُونَ	قَالُوا	هُمْ
f.p.		يَقُلْنَ	يَقُلْنَ	يَقُلْنَ	قُلْنَ	هُنَّ

Tableau N° 7 - Le verbe concave – *vivre* * عَاشَ – الفعل الأجوف – الجدول رقم ٧

	Impératif أمر	Jussif مجزوم	Subjonctif منصوب	Inaccompli مضارع	Accompli ماضي
1P.s.		أَعِشْ	أَعِيشَ	أَعِيشُ	عِشْتُ
p.		نَعِشْ	نَعِيشَ	نَعِيشُ	عِشْنَا
2P.m.s.	عِشْ	تَعِشْ	تَعِيشَ	تَعِيشُ	عِشْتَ
f.s.	عِيشِي	تَعِيشِي	تَعِيشِي	تَعِيشِينَ	عِشْتِ
d.	عِيشَا	تَعِيشَا	تَعِيشَا	تَعِيشَانِ	عِشْتُمَا
m.p.	عِيشُوا	تَعِيشُوا	تَعِيشُوا	تَعِيشُونَ	عِشْتُمْ
f.p.	عِشْنَ	تَعِشْنَ	تَعِشْنَ	تَعِشْنَ	عِشْتُنَّ
3P.m.s.		يَعِشْ	يَعِيشَ	يَعِيشُ	عَاشَ
f.s.		تَعِشْ	تَعِيشَ	تَعِيشُ	عَاشَتْ
m.d.		يَعِيشَا	يَعِيشَا	يَعِيشَانِ	عَاشَا
f.d.		تَعِيشَا	تَعِيشَا	تَعِيشَانِ	عَاشَتَا
m.p.		يَعِيشُوا	يَعِيشُوا	يَعِيشُونَ	عَاشُوا
f.p.		يَعِشْنَ	يَعِشْنَ	يَعِشْنَ	عِشْنَ

133

Tableau N° 8 - Le verbe concave - *dormir* *** نَامَ - ثُبِّ - الجَوْفَة - ٨ - الجَدْوَل رَقَم - الفِعْل الأَجْوَف**

	Impératif أمر	Jussif مجزوم	Subjonctif منصوب	Inaccompli مضارع	Accompli ماضي
1P.s.		أَنَمْ	أَنَامَ	أَنَامُ	نِمْتُ
p.		نَنَمْ	نَنَامَ	نَنَامُ	نِمْنَا
2P.m.s.	نَمْ	تَنَمْ	تَنَامَ	تَنَامُ	نِمْتَ
f.s.	نَامِي	تَنَامِي	تَنَامِي	تَنَامِينَ	نِمْتِ
d.	نَامَا	تَنَامَا	تَنَامَا	تَنَامَانِ	نِمْتُمَا
m.p.	نَامُوا	تَنَامُوا	تَنَامُوا	تَنَامُونَ	نِمْتُمْ
f.p.	نِمْنَ	تَنَمْنَ	تَنَمْنَ	تَنَمْنَ	نِمْتُنَّ
3P.m.s.		يَنَمْ	يَنَامَ	يَنَامُ	نَامَ
f.s.		تَنَمْ	تَنَامَ	تَنَامُ	نَامَتْ
m.d.		يَنَامَا	يَنَامَا	يَنَامَانِ	نَامَا
f.d.		تَنَامَا	تَنَامَا	تَنَامَانِ	نَامَتَا
m.p.		يَنَامُوا	يَنَامُوا	يَنَامُونَ	نَامُوا
f.p.		يَنَمْنَ	يَنَمْنَ	يَنَمْنَ	نِمْنَ

134

Tableau N° 9 - Le verbe défectueux - *marcher* * مَشَى - مَشْيٌ - الفِعْل النَّاقِص - الجَدْوَل رَقْم ٩

	Impératif أمر	Jussif مجزوم	Subjonctif منصوب	Inaccompli مضارع	Accompli ماضٍ
1P.s.		أَمْشِ	أَمْشِيَ	أَمْشِي	مَشَيْتُ
p.		نَمْشِ	نَمْشِيَ	نَمْشِي	مَشَيْنا
2P.m.s.	اِمْشِ	تَمْشِ	تَمْشِيَ	تَمْشِي	مَشَيْتَ
f.s.	اِمْشِي	تَمْشِي	تَمْشِي	تَمْشِينَ	مَشَيْتِ
d.	اِمْشِيا	تَمْشِيا	تَمْشِيا	تَمْشِيانِ	مَشَيْتُما
m.p.	اِمْشُوا	تَمْشُوا	تَمْشُوا	تَمْشُونَ	مَشَيْتُمْ
f.p.	اِمْشِينَ	تَمْشِينَ	تَمْشِينَ	تَمْشِينَ	مَشَيْتُنَّ
3P.m.s.		يَمْشِ	يَمْشِيَ	يَمْشِي	مَشَى
f.s.		تَمْشِ	تَمْشِيَ	تَمْشِي	مَشَتْ
m.d.		يَمْشِيا	يَمْشِيا	يَمْشِيانِ	مَشَيا
f.d.		تَمْشِيا	تَمْشِيا	تَمْشِيانِ	مَشَتا
m.p.		يَمْشُوا	يَمْشُوا	يَمْشُونَ	مَشَوْا
f.p.		يَمْشِينَ	يَمْشِينَ	يَمْشِينَ	مَشَيْنَ

135

Tableau N° 10 - Le verbe défectueux - *inviter*

الجدول رقم ١٠ – الفعل الناقص – دَعا –

Impératif أمر	Jussif مجزوم	Subjonctif منصوب	Inaccompli مضارع	Accompli ماضي	
	أَدْعُ	أَدْعُوَ	أَدْعُو	دَعَوْتُ	أنا
	نَدْعُ	نَدْعُوَ	نَدْعُو	دَعَوْنا	نحن
اُدْعُ	تَدْعُ	تَدْعُوَ	تَدْعُو	دَعَوْتَ	أنتَ
اُدْعِي	تَدْعِي	تَدْعِي	تَدْعِينَ	دَعَوْتِ	أنتِ
اُدْعُوا	تَدْعُوا	تَدْعُوا	تَدْعُوانِ	دَعَوْتُما	أنتما
اُدْعُوا	تَدْعُوا	تَدْعُوا	تَدْعُونَ	دَعَوْتُم	أنتم
اُدْعُونَ	تَدْعُونَ	تَدْعُونَ	تَدْعُونَ	دَعَوْتُنَّ	أنتنَّ
	يَدْعُ	يَدْعُوَ	يَدْعُو	دَعا	هو
	تَدْعُ	تَدْعُوَ	تَدْعُو	دَعَتْ	هي
	يَدْعُوا	يَدْعُوا	يَدْعُوانِ	دَعَوا	هما
	تَدْعُوا	تَدْعُوا	تَدْعُوانِ	دَعَتا	هما
	يَدْعُوا	يَدْعُوا	يَدْعُونَ	دَعَوْا	هم
	يَدْعُونَ	يَدْعُونَ	يَدْعُونَ	دَعَوْنَ	هنَّ

1P.s.	
p.	
2P.m.s.	
f.s.	
d.	
m.p.	
f.p.	
3P.m.s.	
f.s.	
m.d.	
f.d.	
m.p.	
f.p.	

136

Tableau N° 11 - Le verbe défectueux - *oublier*

الجدول رقم ١١ – الفعل الناقص – نَسِيَ – يَنْسَى *

	Impératif أمر	Jussif مجزوم	Subjonctif منصوب	Inaccompli مضارع	Accompli ماضي
1P.s.		أَنْسَ	أَنْسَى	أَنْسَى	نَسِيتُ
p.		نَنْسَ	نَنْسَى	نَنْسَى	نَسِينَا
2P.m.s.	اِنْسَ	تَنْسَ	تَنْسَى	تَنْسَى	نَسِيتَ
f.s.	اِنْسَيْ	تَنْسَيْ	تَنْسَيْ	تَنْسَيْنَ	نَسِيتِ
d.	اِنْسَيَا	تَنْسَيَا	تَنْسَيَا	تَنْسَيَانِ	نَسِيتُمَا
m.p.	اِنْسَوْا	تَنْسَوْا	تَنْسَوْا	تَنْسَوْنَ	نَسِيتُمْ
f.p.	اِنْسَيْنَ	تَنْسَيْنَ	تَنْسَيْنَ	تَنْسَيْنَ	نَسِيتُنَّ
3P.m.s.		يَنْسَ	يَنْسَى	يَنْسَى	نَسِيَ
f.s.		تَنْسَ	تَنْسَى	تَنْسَى	نَسِيَتْ
m.d.		يَنْسَيَا	يَنْسَيَا	يَنْسَيَانِ	نَسِيَا
f.d.		تَنْسَيَا	تَنْسَيَا	تَنْسَيَانِ	نَسِيَتَا
m.p.		يَنْسَوْا	يَنْسَوْا	يَنْسَوْنَ	نَسُوا
f.p.		يَنْسَيْنَ	يَنْسَيْنَ	يَنْسَيْنَ	نَسِينَ

137

Tableau N° 12 - Le verbe doublement faible - *avoir l'intention* * نوى – الضعيف – الجدول رقم ١٢

	Impératif امر	Jussif مجزوم	Subjonctif منصوب	Inaccompli مضارع	Accompli ماضي
1P.s.		أَنْوِ	أَنْوِيَ	أَنْوِي	نَوَيْتُ
p.		نَنْوِ	نَنْوِيَ	نَنْوِي	نَوَيْنَا
2P.m.s.	اِنْوِ	تَنْوِ	تَنْوِيَ	تَنْوِي	نَوَيْتَ
f.s.	اِنْوِي	تَنْوِي	تَنْوِي	تَنْوِينَ	نَوَيْتِ
d.	اِنْوِيَا	تَنْوِيَا	تَنْوِيَا	تَنْوِيَانِ	نَوَيْتُمَا
m.p.	اِنْوُوا	تَنْوُوا	تَنْوُوا	تَنْوُونَ	نَوَيْتُمْ
f.p.	اِنْوِينَ	تَنْوِينَ	تَنْوِينَ	تَنْوِينَ	نَوَيْتُنَّ
3P.m.s.		يَنْوِ	يَنْوِيَ	يَنْوِي	نَوَى
f.s.		تَنْوِ	تَنْوِيَ	تَنْوِي	نَوَتْ
m.d.		يَنْوِيَا	يَنْوِيَا	يَنْوِيَانِ	نَوَيَا
f.d.		تَنْوِيَا	تَنْوِيَا	تَنْوِيَانِ	نَوَتَا
m.p.		يَنْوُوا	يَنْوُوا	يَنْوُونَ	نَوَوْا
f.p.		يَنْوِينَ	يَنْوِينَ	يَنْوِينَ	نَوَيْنَ

138

Tableau N° 13 - Le verbe *ra'a* - *voir*   *

الجدول رقم ١٣ - فعل رَأَى - *voir*   *

	Impératif أمْر	Jussif مجْزوم	Subjonctif منصوب	Inaccompli مضارع	Accompli ماضي
1P.s.		أَرَ	أَرَى	أَرَى	رَأَيْتُ
p.		نَرَ	نَرَى	نَرَى	رَأَيْنَا
2P.m.s.	رَ	تَرَ	تَرَى	تَرَى	رَأَيْتَ
f.s.	رَيْ	تَرَيْ	تَرَيْ	تَرَيْنَ	رَأَيْتِ
d.	رَيَا	تَرَيَا	تَرَيَا	تَرَيَانِ	رَأَيْتُمَا
m.p.	رَوْا	تَرَوْا	تَرَوْا	تَرَوْنَ	رَأَيْتُمْ
f.p.	رَيْنَ	تَرَيْنَ	تَرَيْنَ	تَرَيْنَ	رَأَيْتُنَّ
3P.m.s.		يَرَ	يَرَى	يَرَى	رَأَى
f.s.		تَرَ	تَرَى	تَرَى	رَأَتْ
m.d.		يَرَيَا	يَرَيَا	يَرَيَانِ	رَأَيَا
f.d.		تَرَيَا	تَرَيَا	تَرَيَانِ	رَأَتَا
m.p.		يَرَوْا	يَرَوْا	يَرَوْنَ	رَأَوْا
f.p.		يَرَيْنَ	يَرَيْنَ	يَرَيْنَ	رَأَيْنَ

139

**Tableau N° 14 - Le verbe ja'a - *venir* * ** جاء - فعل - الجدول رقم ١٤

	Impératif أمر	Jussif مجزوم	Subjonctif منصوب	Inaccompli مضارع	Accompli ماضي
1P.s.		أجئ	أجيءَ	أجيءُ	جئتُ
p.		نجئ	نجيءَ	نجيءُ	جئنا
2P.m.s.	جئ	تجئ	تجيءَ	تجيءُ	جئتَ
f.s.	جيئي	تجيئي	تجيئي	تجيئين	جئتِ
d.	جيئا	تجيئا	تجيئا	تجيئان	جئتما
m.p.	جيئوا	تجيئوا	تجيئوا	تجيئون	جئتم
f.p.	جئن	تجئن	تجئن	تجئن	جئتن
3P.m.s.		يجئ	يجيءَ	يجيءُ	جاء
f.s.		تجئ	تجيءَ	تجيءُ	جاءت
m.d.		يجيئا	يجيئا	يجيئان	جاءا
f.d.		تجيئا	تجيئا	تجيئان	جاءتا
m.p.		يجيئوا	يجيئوا	يجيئون	جاؤوا
f.p.		يجئن	يجئن	يجئن	جئن

140

72. LA VOIX ACTIVE ET
LA VOIX PASSIVE

٧٢) اَلْمَبْنِيُّ لِلْمَعْلُومِ وَالْمَبْنِيُّ لِلْمَجْهُولِ

Toutes les formes verbales primitives, aussi bien que les dériva-
tives, ont deux voix

اَلْمَبْنِيُّ لِلْمَعْلُوم la **voix active** et

اَلْمَبْنِيُّ لِلْمَجْهُول la **voix passive.**

La voix passive s'emploie plus particulièrement dans quatre cas, à
savoir :

a) quand Dieu ou un autre être supérieur est indiqué comme l'auteur de l'acte;

b) quand l'auteur est inconnu, ou, du moins, dont on n'est pas sûr;

c) quand celui qui parle ou celui qui écrit ne souhaite pas le nommer;

d) quand l'intention de l'auditeur ou du lecteur est dirigée plus sur la
personne ou la chose affectée par l'acte que celui qui l'accomplit.

La voix passive se forme simplement en changeant les voyelles de
la voix active, en lui donnant le même schème pour tous les verbes
quelle que soit la voyelle de la seconde radicale à l'actif. Elle se forme

a) à l'accompli, en donnant une *ḍamma* à la première radicale, et
une *kasra* à la seconde radicale;

141

b) à l'inaccompli, en donnant un *damma* au préfixe, et une *fatha* à la seconde radicale, ex.

كَتَبَ *il a écrit*, يَكْتُبُ *il écrit* (voix active);

كُتِبَ *il a éte écrit*, يُكْتَبُ *il sera écrit* (voix passive).

Contrairement à la pratique en français et dans les autres langues indo-européennes, la voix passive ne s'emploie pas en arabe, si le faiseur de l'acte est mentionné. Ainsi, la phrase *l'élève a été interrogé par le professeur*, doit être rendu par *le professeur interroge l'élève*.

En arabe, le sujet de la voix passive ne s'appelle pas فَاعِلٌ, étant donné que cela signifie *faiseur*; il s'appelle plutôt نَائِبُ الْفَاعِلِ *le député* ou *le représentant du faiseur*.

Le verbe à la voix passive est égal, parfois, au verbe impersonnel qui s'emploie à la troisième personne du singulier, sans relation à un sujet déterminé, ou au verbe conjugué avec *on*, pronom personnel indéfini de la troisième personne. D'autres exemples sont :

وَخُلِقَ الْإِنْسَانُ ضَعِيفاً *car l'homme a été créé faible* (Coran IV:28), (l'auteur de l'acte est Dieu);

سُرِقَ شَيْءٌ فِي الْمَنْزِل *quelque chose a été volé dans la maison* (l'auteur de l'acte est inconnu);

72. LA VOIX ACTIVE ET LA VOIX PASSIVE (3)
٧٢) اَلْمَبْنِيُّ لِلْمَعْلُومِ وَالْمَبْنِيُّ لِلْمَجْهُولِ (٣)

رُفِعَ إِلَيْهِ تَقْرِيرٌ *un rapport lui a été soumis* (l'interlocuteur ne souhaite pas mentionner l'auteur de l'acte);

أُسْتُقْبِلَ الرَّئِيسُ مِنْ طَرَفِ الْوَزِيرِ فِي الْمَطَارِ *le président a été
accueilli par le ministre à l'aéroport.*

وُقِّعَتِ الْمُعَاهَدَةُ مِنْ طَرَفِ الْوَزِيرِ *le traité a été signé par les
deux ministres.*

Dans les deux exemples précédents, les phrases sont mises au
passif, bien que le faiseur de l'acte soit mentionné, car l'attention de
l'auditeur ou du lecteur est dirigée plus sur la personne et l'objet affec-
tés par l'acte, que sur son faiseur.

لَا أُحِبُّ أَنْ أَتَكَلَّمَ عِنْدَمَا لَا أُفْهَمُ *je n'aime pas parler quand je
ne suis pas compris* (impersonnel).

تُقَدَّمُ الْمَشْرُوبَاتِ فِي الْحَفَلَاتِ *on sert des boissons durant les
réceptions* (impersonnel).

A noter que les expressions مِنْ طَرَف ou مِنْ قِبَلِ *de la part de,
par* s'emploient lorsque la phrase est au passif, et lorsque le faiseur de
l'acte est mentionné.

143

73. LE VERBE INTRANSITIF
ET LE VERBE TRANSITIF

٧٣) اَلْفِعْلُ اللَّازِمُ وَالْفِعْلُ الْمُتَعَدِّي

1) اَلْفِعْلُ اللَّازِمُ le **verbe intransitif** est celui qui exprime une action limitée au sujet et ne passant sur aucun objet; cette action se suffit à elle-même, ex.

يَضْحَكُ الطِّفْلُ l'enfant rit.

يَنَامُ الْقِطُّ le chat dort.

يَنْمُو النَّبَاتُ les plantes poussent.

2) اَلْفِعْلُ الْمُتَعَدِّي le **verbe transitif** est celui qui exprime une action sortant du sujet et passant sur un objet. Ce verbe appelle, en principe, un complément d'objet direct, désignant l'être qui est le terme de l'action ou l'objet auquel l'action tend.

Les verbes transitifs sont de quatre sortes :

(i) Verbes régissant un accusatif, ex.

يَأْكُلُ الْخُبْزَ il mange du pain.

144

73. LE VERBE INTRANSITIF ET LE VERBE TRANSITIF (2)

٧٣) اَلْفِعْلُ اللازِمُ وَالْفِعْلُ الْمُتَعَدِي (٢)

يَشْرَبُ الْمَاءَ *il boit de l'eau.*

يَقْرَأُ كِتَاباً *il lit un livre.*

Tantôt le verbe transitif marque directement, c'est-à-dire sans le secours d'aucune préposition, le passage de l'action sur un objet, comme dans les exemples précédents, tantôt il marque ce passage indirectement, par le moyen d'une préposition, ex.

بَعَثَ بِرِسَالَةٍ *il a envoyé une lettre.*

حَصَلَ عَلَى مِنْحَةٍ *il a obtenu une bourse.*

Il convient de noter, à cet effet, qu'un seul verbe peut avoir des significations différentes, selon qu'il est construit sans ou avec des prépositions différentes. Pour cette raison, il est recommandé aux étudiants de toujours apprendre les verbes en même temps que les prépositions qui les accompagnent, et de savoir leur sens exact avec et sans les prépositions (Chapitre 144).

73. LE VERBE INTRANSITIF ET LE VERBE TRANSITIF (3)
٧٣) اَلْفِعْلُ اللَّازِمُ وَالْفِعْلُ الْمُتَعَدِّي (٣)

(ii) Verbes régissant deux accusatifs qui sont à l'origine un sujet et un attribut que ظَنَّ et ses analogues introduisent, tous les deux, à l'accusatif, ex.

ظَنَنْتُ الطَّقْسَ جَمِيلاً *je pensais qu'il faisait beau.*

On appelle aussi ces verbes أَفْعَالُ الْقُلُوب *verbes du coeur,* ou
أَفْعَالُ الْيَقِينِ وَالشَّكِّ وَالرُّجْحَانِ *verbes de certitude, de doute ou de probabilité,* comme :

ظَنَّ *penser, croire;* حَسِبَ *estimer, supposer;*

رَأَى *voir, juger, croire;* عَلِمَ *savoir;*

وَجَدَ *trouver, considérer,* دَرَى *savoir;*

خَالَ *imaginer,* زَعَمَ *prétendre, estimer, penser*

عَدَّ *compter, considérer,* حَجَا *penser, opiner;*

تَوَهَّمَ *imaginer, s'illusionner,* قَالَ dans le sens de *penser,* et les
impératifs

تَعَلَّمْ *apprend, sache,* et هَبْ *admettons, supposons que.*

73. LE VERBE INTRANSITIF ET LE VERBE TRANSITIF (4)

٧٣) اَلْفِعْلُ اللازِمُ وَالْفِعْلُ الْمُتَعَدِي (٤)

On peut ajouter à cette collection de verbes, d'autres verbes appe-

lés أَفْعَالُ التَّحْوِيل *verbes transmutatifs*, comme :

صَيَّرَ *rendre tel ou tel;*

رَدَّ ayant le même sens que صَيَّرَ

تَرَكَ *laisser en tel et tel état;*

غَادَرَ ayant le même sens que

اتَّخَذَ et تَخَذَ *prendre comme;*

جَعَلَ *mettre, disposer en;*

خَلَّفَ *désigner comme successeur, laisser derrière;*

وَهَبَ *donner, doter, douer, octroyer, pourvoir.*

(iii) Verbes régissant deux accusatifs qui ne sont pas à l'origine un

sujet et un attribut, comme :

أَعْطَى *donner,* comme dans أَعْطَى الْمُعَلِّمُ الطَّالِبَ كِتَاباً

le professeur a donné un livre à l'étudiant;

سَأَلَ *demander;* سَقَى *donner à boire, arroser;*

147

73. LE VERBE INTRANSITIF ET LE VERBE TRANSITIF (5)

٧٣) اَلْفِعْلُ اللازِمُ وَالْفِعْلُ الْمُتَعَدِي (٥)

أَطْعَمَ *nourrir, donner à manger;*

كَسَا *habiller, vêtir, revêtir;*

أَسْكَنَ *loger qqn, héberger;*

زَوَّجَ *marier, donner en mariage;*

زَوَّدَ *approvisionner, équiper, fournir, outiller,* et d'avantage de

verbes.

(iv) *V*erbes *r*égissant trois accusatifs, comme :

أَعْلَمَ *informer, faire savoir, faire connaître,* comme dans

أَعْلَمَ الْمُعَلِّمُ الطُّلابَ الْامْتِحَانَ وَشِيكاً *le professeur a informé les étu-*

diants que l'examen était imminent.

أَنْبَأَ، نَبَّأَ، أَخْبَرَ، خَبَّرَ *informer, faire savoir;*

أَرَى *montrer, faire voir;*

حَدَّثَ *parler, conter, raconter, rapporter.*

148

74. *IDA* ET *LAW*
٧٤) إِذَا وَ لَوْ

إِذَا et لَوْ *si* s'emploient, dans la plupart des cas, seulement comme des particules du conditionnel et non pas du jussif.

a) إِذَا Le verbe qui vient immédiatement après إِذَا s'emploie au passé, c'est-à-dire à l'accompli, pour signifier le futur. Le deuxième verbe s'emploie au présent-futur, c'est-à-dire à l'inaccompli, ex.

إِذَا سَافَرْتُ أَكْتُبُ إِلَيْكَ *si je voyage, je t'écrirai.*

إِذَا كُنْتَ تَعْرِفُ الْمَدِينَةَ تُرْشِدُنِي *si tu connaissais la ville, tu me*

guiderais.

b) لَوْ. Avec لَوْ les deux temps, l'accompli et l'inaccompli, peuvent être utilisés. Cependant, lorsque les deux verbes s'emploient à l'accompli, لَ est préfixé au deuxième verbe, ou à مَا *particule de la négation,* si le verbe est au négatif, ex.

لَوْ أَتَكَلَّمُ أُخْطِئُ *si je parle, je me tromperai.*

لَوْلَا أَتَكَلَّمُ لَا أُخْطِئُ *si je ne parle pas, je ne me tromperai pas.*

149

74. *IḌA* ET *LAW* (2)

rtl
٧٤) إِذَا وَ لَوْ (٢)

لَوْ سَافَرْتُ لَكَتَبْتُ إِلَيْكَ *si j'avais voyagé, je t'aurais écrit.*

لَوْ لَمْ أَفْعَلْ شَيْئاً لَمَا أَخْطَأْتُ عَلَى الْإِطْلَاقِ *si je n'avais rien fait,*

je ne me serais pas trompé du tout.

ltr
ltr
150

75. LA PHRASE NOMINALE

٧٥) اَلْجُمْلَةُ الْإِسْمِيَّةُ

Toute phrase qui commence par un sujet (substantif ou pronom) est dite **phrase nominale**. Une phrase nominale simple est formé de deux éléments : le **sujet** et l'**attribut**.

L'attribut peut être un nom, une préposition avec le nom qu'elle gouverne, ou un verbe. Le sujet est déterminé. L'attribut est indéterminé. Ils sont tous les deux au cas nominatif. l'attribut s'accorde en genre et en nombre avec son sujet, ex.

اَلطَّالِبُ مَسْرُورٌ *l'étudiant est content.*

اَلْمُعَلِّمُ فِي الْمَدْرَسَةِ *le professeur est à l'école.*

اَلطِّفْلُ يَضْحَكُ *l'enfant rit.*

A noter que, lorsque le sujet est un pluriel irrationnel, c'est-à- dire, un pluriel d'animaux et de choses, son attribut se met, généralement, au féminin singulier, ex.

اَلْقِرَدَةُ مُقَلِّدَةٌ *les singes sont imitateurs.*

اَلْكُتُبُ مُفِيدَةٌ *les livres sont utiles.*

151

76. LES ABROGATIFS

اَلنَّوَاسِخُ (٧٦

La flexion commune du cas nominatif des deux termes de la phrase
nominale, le sujet et l'attribut, peut être abrogée par des verbes ou des
particules qu'on leur prépose et qu'on appelle, pour cette raison, les
abrogatifs.

Il y a trois catégories d'abrogatifs :

كَانَ *kāna* et ses analogues (soeurs)

إِنَّ *'inna* et ses analogues (soeurs)

ظَنَّ *ẓanna* et ses analogues (soeurs)

Chacune de ces catégories sera traitée séparément.

77. *KĀNA* ET SES ANALOGUES

٧٧) كَانَ وَأَخَوَاتُهَا

Précédé de كَانَ *être* ou de ses analogues, le sujet qui n'occupe plus la première place dans la proposition devient le nom de كَانَ et demeure au cas nominatif, par assimilation au sujet actif; l'attribut du sujet devient l'attribut de كَانَ ou de ses analogues et se met à l'accusatif par assimilation au complément de manière حَالٌ , ex.

كَانَت الْحَيَاةُ جَميلَةً *la vie était belle*

كَانَ et ses analogues sont les suivantes :

1) كَانَ *être.*

2) أَصْبَحَ *être, devenir le matin.*

3) أَضْحَى *être, devenir dans la matinée.*

4) ظَلَّ *être, devenir dans la journée.*

5) أَمْسَى *être, devenir le soir.*

6) بَاتَ *être, devenir pendant la nuit,* ou *passer la nuit.*

7) صَارَ *devenir.*

Ces sept verbes s'emploient à tous les temps. A noter que les cinq premiers verbes كَانَ, أَصْبَحَ, أَضْحَى, ظَلَّ, أَمْسَى peuvent avoir le

153

sens de *devenir*.

8) لَيْسَ *ne pas être*. Ce verbe s'emploie à l'accompli seule-ment et il a le sens de l'inaccompli. A noter que l'attribut de لَيْسَ peut être précédé de بِ pour renforcer la négation et se met au cas datif, ex.

لَيْسَ الْبَيْتُ كَبِيراً au lieu de لَيْسَ الْبَيْتُ بِكَبِيرٍ *la maison n'est pas grande.*

9) مَازَالَ; (10) مَافَتِىءَ; (11) مَاانْفَكَّ; (12) مَابَرِحَ.

Les quatre verbes précédents زَال، فَتِىءَ، انْفَكَّ، بَرِحَ *cesser*, s'em-ploient précédés de la particule مَا, لَا, ou لَمْ, signifiant la continuation de l'action. Ces quatre verbes se conjuguent à l'accompli et à l'inaccom-pli, mais pas à l'impératif.

13) مَادَامَ *tant que*

Le verbe دَامَ *continuer*, précédé de la conjonction مَا, s'emploie pour exprimer *tant que*. Le verbe مَادَامَ s'emploie seulement à l'accom-pli.

77. *KĀNA* ET SES ANALOGUES (3)

٧٧) كَانَ وَأَخَوَاتُهَا (٣)

L'attribut de كَانَ et ses analogues peut être simple, c'est-à-dire formé d'une seule expression, ou composé d'une proposition verbale ou nominale ou d'une similiproposition, ex.

صَارَت الْمَعِيشَة غَالِيَةً

le coût de la vie est devenu très cher.

كَانَ النَّاسُ يَقْرَؤُونَ كَثِيراً

les gens avaient l'habitude de lire beacoup (les gens lisaient beaucoup).

كَانَ الْمُوَظَّفُ عَمَلُهُ مُمْتِعاً

le travail du fonctionnaire était agréable.

كَانَ عَمَلُهُ فِي الْهَوَاءِ الطَّلْقِ

il travaillait en plein air (litt. *son travail était en plein air*).

كَانَ الطَّاوُوسُ أَمَامَ الشُّبَّاك

le paon était devant la fenêtre.

78. 'INNA ET SES ANALOGUES

٧٨) إِنَّ وَأَخَوَاتُهَا

La deuxième catégorie des abrogatifs que l'on prépose à la proposition nominale comprend إِنَّ et ses analogues.

Précédé de إِنَّ ou de ses analogues, le sujet qui n'occupe plus la première place dans la proposition devient le nom de إِنَّ ou de ses analogues et se met au cas accusatif par assimilation au complément d'objet direct placé devant son sujet; l'attribut du sujet devient l'attribut de إِنَّ ou de ses analogues, et se met au cas nominatif par assimilation au sujet actif placé après le complément d'objet direct.

إِنَّ et ses analogues sont les suivantes :

1) إِنَّ généralement ne se traduit pas, bien que les grammaires la traduisent par *certes*, ou l'expression biblique *en vérité*; elle s'emloie pour introduire le discours après le verbe قَالَ *dire*, aussi bien que pour commencer une proposition nominale simple;

2) أَنَّ *que,* s'emploie pour introduire un discours indirect après des verbes autre que قَالَ . Elle équivaut, avec ce qui la suit, à un infinitif substantivé.

156

3) لَكِنَّ *mais,* de même que لَكِنْ, mais cette dernière doit être suivie d'un verbe. وَلَكِنَّ est souvent précédé de وَ : وَلَكِنَّ.

4) لِأَنَّ *parce que, car.*

5) كَأَنَّ *comme si, il semble, on dirait que.*

6) لَيْتَ *plût à Dieu que, plût au ciel que, puisse, si seulement.*

7) لَعَلَّ *peut-être que* - comparativement rare en arabe moderne.

Toutes ces particules sont semblables aux verbes en ce qu'elles
doivent être suivies soit d'un nom à l'accusatif, soit d'un pronom affixe qui
est considéré grammaticalement comme étant à l'accusatif. Après elles,
le verbe *être* est sous-entendu, par conséquent l'attribut qui suit se met
au cas nominatif.

Après إِنَّ, l'attribut est quelquefois renforcé par لَ, ex.

إِنَّهُ لَرَجُلٌ عَظِيمٌ *(en vérité) c'est un grand homme.*

157

78. 'INNA ET SES ANALOGUES (3)

٧٨) إِنَّ وَأَخَوَاتُهَا (٣)

L'attribut de إِنَّ et de ses analogues est obligatoirement placé devant le nom quand celui-ci est une similiproposition, ou هُنَا *ici* ou هُنَاكَ *là*. La similiproposition est placée après la particule, ex.

إِنَّ فِي الْمَدْرَسَةِ طُلَّابًا وَمُعَلِّمِينَ *(certes) il y a des étudiants et des professeurs à l'école.*

L'attribut est également placé devant le nom, quand celui-ci est suffixé d'un pronom qui se rapporte au substantif contenu dans la similiproposition, ex.

إِنَّ فِي السَّيَّارَةِ سَائِقَهَا *(certes) le conducteur de la voiture (est) dedans.*

158

79. L'ABREGE, LE PROLONGE
ET LE DEFECTUEUX

٧٩) اَلْمَقْصُورُ وَالْمَمْدُودُ وَالْمَنْقُوصُ

اَلْمَقْصُورُ l'**abrég**é est un nom qui se termine par اَلْأَلِفُ الْمَقْصُورَةُ

'*alif maqsūra, 'alif* qui peut-être abrégée. Cette '*alif* peut-être une '*alif*

régulière comme dans عَصًا *bâton* ou une '*alif maqsūra* comme dans

صَدًى *écho*.

L '*alif maqsūra* est une ى sans les deux points diacritiques qui se

place à la fin du mot, après une *fatḥa*, et qui se prononce comme une

'*alif*, ex.

رَأَى *voir*; مَشَى *marcher*; مَتَى *quand*; عَلَى *sur*.

Cependant, elle se transforme en a) ي , avec les deux points dia-

critiques, si elle est suivie d'un pronom affixe dans une préposition, et b)

'*alif* régulière, ex.

a) أَكْتُبُ إِلَيْهِ *je lui écris*; b) نَرَاهُ *nous le voyons*.

L'abrégé demeure le même à tous les cas : a) nominatif; b) accu-

satif; c) génitif, ex.a

159

79. L'ABREGE, LE PROLONGE ET LE DEFECTUEUX (2)

(٧٩) اَلْمَقْصُورُ وَالْمَمْدُودُ وَالْمَنْقُوصُ (٢)

a) مَنْ هُوَ هَذَا الْفَتَى   *qui est ce jeune homme ?*

b) أَعْرِفُ ذَلِكَ الْفَتَى   *je connais ce jeune homme.*

c) أَتَكَلَّمُ مَعَ الْفَتَى   *je parle avec le jeune homme.*

2) اَلْمَمْدُودُ le **prolongé** est un nom qui se termine par une *hamza*, précédée d'une *'alif*. Il se décline régulièrement, ex.

اَلسَّمَاءُ صَافِيَةٌ   *le ciel est clair.*

أَتَمَنَّى لَكَ شِفَاءً عَاجِلاً   *je vous souhaite un prompt rétablissement.*

نَسْتَمِعُ إِلَى الْأَنْبَاءِ   *nous écoutons les informations.*

3) اَلْمَنْقُوصُ le **défectueux** est un nom qui se termine par une ي ,
ex.

قَاضِي *juge;* مُحَامِي *avocat;* غَالِي *coûteux;*

Au nominatif et au génitif, la ي du défectueux disparaît quand celui-ci est indéfini. Mais elle réapparaît à l'accusatif, ex.

79. L'ABREGE, LE PROLONGE ET LE DEFECTUEUX (3)

٧٩) اَلْمَقْصُورُ وَالْمَمْدُودُ وَالْمَنْقُوصُ (٣)

يَتَكَلَّمُ قَاضٍ *un juge parle.*

أَعْرِفُ قَاضِياً *je connais un juge.*

أَتَكَلَّمُ مَعَ قَاضٍ *je parle avec un juge.*

Quand le défectueux est défini au moyen de l'article اَلْ ou au moyen de l'annexion, son ي s'écrit, mais ne se prononce pas, au nominatif et au génitif. Il se prononce seulement à l'accusatif, ex.

يَتَكَلَّمُ الْقَاضِي أَوْ قَاضِي الصُّلْحِ *le juge ou le juge de paix parle.*

أَتَكَلَّمُ مَعَ الْقَاضِي أَوْ قَاضِي الصُّلْحِ *je parle avec le juge ou le juge de paix.*

أَعْرِفُ الْقَاضِيَ أَوْ قَاضِيَ الصُّلْحِ *je connais le juge ou le juge de paix.*

80. LES DIPTOTES

٨٠) اَلْمَمْنُوعُ مِنَ الصَّرْفِ

Les substantifs et les adjectifs indéfinis, au singulier, peuvent être des triptotes ou des diptotes.

Les **triptotes** sont ceux qui prennent trois flexions différentes pour indiquer les cas différents, à savoir ـُ au nominatif, ـَ à l'accusatif, et ـِ au génitif.

Les **diptotes** sont ceux qui prennent seulement deux flexions, au datif et au génitif, et qui ne prennent pas de *tanwīn*.

Voici les trois types de noms qui sont des diptotes :

a) Les pluriels brisés ayant les formes suivantes :

مَفَاعِلُ comme مَكَاتِبُ *bureaux*, plur. de مَكْتَبٌ

مَفَاعِيلُ comme مَصَابِيحُ *lampes*, plur. de مِصْبَاحٌ

فَعَائِلُ comme رَسَائِلُ *lettres*, plur. de رِسَالَةٌ

فَوَاعِلُ comme طَوَابِعُ *timbres*, plur. de طَابَعٌ

et d'autres pluriels brisés ayant des formes semblables.

b) Les pluriels brisés terminés par *hamza* précédée d'une *'alif mamdūda* :

162

وَزِيرٌ وُزَرَاءُ *ministres*, plur. de فُعَلَاءُ comme

صَدِيقٌ أَصْدِقَاءُ *amis*, plur. de أَفْعِلَاءُ comme

c) Les pluriels brisés terminés par *'alif maqs>ulra* :

مَرِيضٌ مَرْضَى *malades*, plur. de فَعْلَى comme

يَتِيمٌ يَتَامَى *orphelins*, plur. de فَعَالَى comme

d) également les pluriels suivants :

أَوَّلُ *premiers*, pluriel de أُوَلُ

آخَرُ *autres*, pluriel de أُخَرُ

شَيْءٌ *choses*, pluriel de أَشْيَاءُ

e) Les féminins ayant les formes suivantes :

عَطْشَى *altérée, assoiffée*; حَمْرَاءُ *rouge*;

ذِكْرَى *souvenir, rappel*; كُبْرَى *plus grande*.

f) Les adjectifs masculins indéterminés du schème de l'élatif أَفْعَلُ
et leur féminin فَعْلَاءُ désignant une couleur ou une particularité physique ou morale :

أَكْبَرُ *plus grand*; أَشْقَرُ *blond*;

أَحْدَبُ *bossu*; أَحْمَقُ *sot, insensé, stupide*.

g) La plupart des noms propres, de personnes ou géographiques :

سُلَيْمَانُ *Suleiman*; أَحْمَدُ *Ahmad*;

سُعَادُ *Su‘ad*; عَائِشَةُ *A'isha*;

بَارِيسُ *Paris*. مِصْرُ *Egypte*;

h) Les adjectifs ayant la forme :

فَعْلَانُ dont le féminin est فَعْلَى, ex.

جَوْعَانُ *affamé*, dont le féminin est جَوْعَى

i) Les nombres terminés par ة employés seuls comme chiffres

purs et simples :

سِتَّةُ ضِعْفُ ثَلَاثَةَ 6 est le double de 3.

سَبْعَةُ أَكْثَرُ مِنْ سِتَّةَ بِوَاحِدٍ 7 est plus grand que 6 de un.

80. LES DIPTOTES (4)

٨٠) اَلْمَمْنُوعُ مِنَ الصَّرْفِ (٤)

j) Les nombres distributifs de la forme :

فُعَالُ et مَفْعَلُ, ex.

مَثْنَى *deux par deux*, ثُلَاثَ *trois par trois*.

k) Les nombres composés par agglutination, appelés مُرَكَّبٌ مَزْجِيٌّ.
Généralement, le premier mot ne se décline pas du tout, le
deuxième se décline comme un diptote, ex.

بَيْتَ لَحْمُ *Bethléem;* حَضْرَمَوْتُ *Hadhramaut;* بَعْلَبَكُّ *Baalbek;*

Remarque. Les diptotes sont traités comme des triptotes quand ils
sont rendus définis par l'article ou, à l'état construit, par le complément
déterminatif nominal ou pronominal :

Nom. اَلْمَكَاتِبُ، مَكَاتِبُكُمْ، مَكَاتِبُ الْبَرِيدِ

Acc. اَلْمَكَاتِبَ، مَكَاتِبَكُمْ، مَكَاتِبَ الْبَرِيدِ

Gén. اَلْمَكَاتِبِ، مَكَاتِبِكُمْ، مَكَاتِبِ الْبَرِيدِ

81. L'ADJECTIF
(NOM) DE RELATION

٨١) إِسْمُ النِّسْبَةِ

L'**adjectif de relation** indique une idée de relation avec le mot générateur, qui est soit une personne soit une chose.

Cette relation peut rappeler des noms géographiques ou autre noms propres, noms d'occupation, tribu, pays, ville, etc. On le forme en ajoutant au mot ـِيٌّ . Si le nom est féminin, la ة doit être supprimée avant d'ajoute ـِيٌّ , ex.

عَرَبٌ	*arabe* (collectif)	عَرَبِيٌّ	*arabe, un Arabe.*
مِصْرُ	*Egypte*	مِصْرِيٌّ	*égyptien.*
يَوْمٌ	*jour*	يَوْمِيٌّ	*journalier, quotidien.*
طَبِيعَةٌ	*nature*	طَبِيعِيٌّ	*naturel.*

Si le mot se compose seulement de deux radicaux, une *wāw* وest ajoutée pour prendre la place du troisième radical, ex.

يَدٌ	*main*	يَدَوِيٌّ	*manuel.*
أَبٌ	*père*	أَبَوِيٌّ	*paternel.*
لُغَةٌ	*langue*	لُغَوِيٌّ	*linguistique.*
سَنَةٌ	*année*	سَنَوِيٌّ	*annuel.*

166

82. LES PRONOMS DEMONSTRATIFS

٨٢) إِسْمُ الْإِشَارَةِ

Tableau des **pronoms démonstratifs** :

	Rapprochés	Eloignés
m.s., tous les cas	هَذَا	ذَلِكَ
m.d., nom.	هَذَانِ	ذَانِكَ
acc. et gén.	هَذَيْنِ	ذَيْنِكَ
f.s., tous les cas	هَذِه	تِلْكَ
f.d. nom.	هَاتَانِ	تَانِكَ
acc. et gén.	هَاتَيْنِ	تَيْنِكَ
p. (m. et f.), tous les	هَؤُلَاءِ	أُولَئِكَ

1) Quand le démonstratif qualifie un simple nom, il se place devant le nom, et le nom porte l'article, ex.

هَذَا الْكِتَابُ *ce livre.*

Si le nom est défini par un complément nominal ou pronominal, le démonstratif se place après ces derniers, ex.

167

82. LES PRONOMS DEMONSTRATIFS (2

هَذَا كِتَابُ الْمُعَلِّم *ce livre du professeur.*

هَذَا كِتَابُكَ *ton livre que voici.*

2) Si le démonstratif s'emploie pronominalement et comme sujet d'une phrase nominale, alors :

a) si l'attribut est un nom indéfini, aucune copule n'est nécessaire, ex.

هَذَا كِتَابٌ *c'est un livre.*

b) si l'attribut est défini par l'article, la troisième personne du pronom personnel isolé s'emploie comme copule, afin de ne pas prendre le démonstratif pour un adjectif (comme dans 1), ex.

هَذَا هُوَ الْوَلَدُ *c'est le garçon.*

c) si l'attribut est défini par un complément nominal ou pronominal, le démonstratif se place au début, et aucune copule n'est nécessaire, ex.

هَذَا كِتَابُ الْمُعَلِّم *c'est le livre du professeur.*

هَذَا كِتَابُكَ *c'est votre livre.*

82. LES PRONOMS DEMONSTRATIFS (3)

٨٢) إِسْمُ الإِشَارَةِ (٣)

Remarque. La forme plurielle des démonstratifs s'emploient uniquement pour les personnes, ex.

هَؤُلَاءِ الرِّجَالُ أَوِ النِّسَاءُ *ces hommes ou femmes.*

Pour les animaux et les choses (objets inanimés), on emploie la forme du féminin singulier, ex.

هَذِه الْكِلَابُ وَالْقِطَطُ *ces chiens et chats.*

هَذِه الْكُتُبُ وَالْمَجَلَّاتُ *ces livres et revues.*

Cette logique est difficilement concevable pour un occidental.

83. LES PRONOMS RELATIFS

٨٣) إِسْمُ الْمَوْصُولِ

Tableau des **pronoms relatifs** :

	masculin	féminin
singulier	اَلَّذِي	اَلَّتِي
duel, nom.	اَللَّذَانِ	اَللَّتَانِ
acc. et gén.	اَللَّذَيْنِ	اَللَّتَيْنِ
pluriel	اَلَّذِينَ	اَللَّوَاتِي ou اَللَّاتِي

1) Le pronom relatif s'accorde en genre, en nombre et en cas avec son antécédent. Quand il se rapporte à une partie quelconque de la proposition relative, à part le sujet, il peut être remplacé par un pronom affixe, dit *pronom de rappel*, ex.

اَلطَّالِبُ الَّذِي يَكْتُبُ *l'étudiant qui écrit.*

اَلطَّالِبُ الَّذِي أَعْرِفُهُ *l'étudiant que je connais*

(litt. *l'étudiant que je connais lui*).

83. LES PRONOMS RELATIFS (2)

٨٣) إِسْمُ الْمَوْصُولِ (٢)

اَلطَّالِبُ الَّذِي أَتَكَلَّمُ مَعَهُ *l'étudiant avec qui je parle*

(litt. *l'étudiant qui je parle avec lui*).

اَلطَّالِبُ الَّذِي أَكْتُبُ إِلَيْهِ *l'étudiant à qui j'écris*

(litt. *l'étudiant qui j'écris à lui*).

اَلطَّالِبُ الَّذِي أَعْرِفُ مُعَلِّمَهُ *l'étudiant dont je connais le*

professeur (litt. *l'étudiant qui je connais son professeur*).

2) Etant lui-même déterminé par nature, le pronom relatif ne peut avoir pour antécédent qu'un nom déterminé. Il ne s'exprime donc pas avec un antécédent indéterminé. Cela est particulièrement difficile à admettre pour un européen, ex.

أَنْظُرُ إِلَى الطِّفْلِ الَّذِي يَلْعَبُ *je regarde l'enfant qui joue.*

أَنْظُرُ إِلَى طِفْلٍ يَلْعَبُ *je regarde un enfant qui joue.*

3) مَنْ et مَا . a) *celui qui, quiconque,* constitue un mot indépendant et s'emploie pour tous les genres et pour tous les nombres. Il est inflexible et ne s'applique qu'à des êtres doués de raison; b) مَا *ce qui,* *quel que,* constitue également un mot indépendant et s'emploie pour

171

tous les genres et pour tous les nombres. Il est inflexible et ne s'applique qu'à des objets inanimés.

4) أَيُّ et son féminin أَيَّةُ *quel que*, s'appliquent aussi bien aux personnes qu'aux choses et n'ont pas d'antécédent.

Remarque. Les pronoms relatifs du duel et du féminin pluriel s'écrivent avec deux *lâm*.

A noter que la forme plurielle des relatifs ne s'emploie que pour les personnes. Pour les animaux et les choses on emploie le féminin singulier.

84. LE PLURIEL BRISE
ET SES FORMES

٨٤) جَمْعُ التَّكْسِيرِ وَأَوْزَانُهُ

جَمْعُ التَّكْسِيرِ le **pluriel bris**é. Il est ainsi appelé, car il est plus ou moins modifié par rapport au singulier par l'addition ou l'élision des consonnes, ou par le changement de voyelles.

Le pluriel brisé qui a plus de trente schèmes constitue une difficulté de la langue arabe. Bien qu'un nombre important de pluriels brisés se forment suivant des règles bien définies, et selon un schème spécifique de singulier, l'usage seul peut indiquer comment un nom se fait au pluriel, car la règle n'est pas invariable. Le moyen le plus sûr, donc, est de chercher dans le dictionnaire, et d'apprendre le pluriel en même temps que son singulier.

Voici la liste presque complète des différents schèmes de pluriels brisés, avec leurs singuliers :

1) فُعَلٌ – غُرَفٌ غُرْفَةٌ *chambre.*

2) فُعْلٌ – حُمْرٌ أَحْمَرُ *rouge.*

3) فُعُلٌ – كُتُبٌ كِتَابٌ *livre.*

84. LE PLURIEL BRISE ET SES FORMES (2)

٨٤) جَمْعُ التَّكْسِيرِ وَأَوْزَانُهُ (٢)

(4 فَعَلٌ   –   قِصَصٌ   قِصَّةٌ   histoire.

(5 فِعَالٌ   –   رِجَالٌ   رَجُلٌ   homme.

(6 فُعُولٌ   –   دُرُوسٌ   دَرْسٌ   leçon.

(7 فُعَّالٌ   –   طُلَّابٌ   طَالِبٌ   étudiant.

(8 فَعَلَةٌ   –   كَتَبَةٌ   كَاتِبٌ   écrivain, commis.

(9 فُعَلَةٌ   –   قُضَاةٌ   قَاضٍ   juge.

(10 فَعَلَةٌ   –   قِرَدَةٌ   قِرْدٌ   singe.

(11 فِعْلَةٌ   –   إِخْوَةٌ   أَخٌ   frère.

(12 أَفْعُلٌ   –   أَشْهُرٌ   شَهْرٌ   mois.

(13 أَفْعَالٌ   –   أَوْلَادٌ   وَلَدٌ   garçon.

(14 أَفْعِلَةٌ   –   أَلْسِنَةٌ   لِسَانٌ   langue.

(15 مَفَاعِلُ   –   مَنَازِلُ   مَنْزِلٌ   maison.

(16 مَفَاعِيلُ   –   مَفَاتِيحُ   مِفْتَاحٌ   clef.

(17 فَوَاعِلُ   –   طَوَابِعُ   طَابَعٌ   timbre.

84. LE PLURIEL BRISE ET SES FORMES (3)

٨٤) جَمْعُ التَّكْسِيرِ وَأَوْزَانُهُ (٣)

18) فَعَائِلُ – رَسَائِلُ رِسَالَةٌ *lettre.*

19) فِعْلَانٌ – صِبْيَانٌ صَبِيٌّ *garçon, jeune.*

20) فُعْلَانٌ – قُمْصَانٌ قَمِيصٌ *chemise.*

21) فُعَلَاءُ – وُزَرَاءُ وَزِيرٌ *ministre.*

22) أَفْعِلَاءُ – أَصْدِقَاءُ صَدِيقٌ *ami.*

23) فَعْلَى – مَرْضَى مَرِيضٌ *malade.*

24) فَعَالٍ – كَرَاسٍ كُرْسِيٌّ *chaise.*

25) فَعَالَى – كَسَالَى كَسْلَانُ *paresseux.*

26) فَعَالٌ – مَوَادُّ مَادَّةٌ *matière.*

85. LES NOMBRES CARDINAUX
٨٥) اَلْأَعْدَادُ الْأَصْلِيَّةُ

Bien que les chiffres arabes soient faciles à apprendre pour l'usage dialectal, ils représentent, cependant, un des traits les plus complexes de la langue écrite. Les Arabes, eux-mêmes, font souvent des erreurs en les utilisant. Pour les traiter, il serait préférable de les diviser en groupes, commençant par les chiffres *un* et *deux*.

1) **1** et **2**

a) (i) **un** (١) وَاحِدٌ masculin et وَاحِدَةٌ féminin, a la forme d'un participe actif, et s'emploie d'ordinaire comme un adjectif placé après le nom, avec lequel, par conséquent, il s'accorde en genre et en cas.

(ii) Il s'emploie peu souvent, étant donné que le nom singulier en arabe, comme en français, signifie *un*. Ainsi, le mot كِتَابٌ, en arabe, signifie *1 livre.*

(iii) Quand on utilise le chiffre *un* "1", cela signifie seulement.

كِتَابٌ وَاحِدٌ *un livre seulement.*

b) (i) **deux** (٢) إِثْنَانِ masculin, إِثْنَتَانِ féminin. Ce chiffre s'em-ploie rarement, puisque la terminaison du duel donne cette signifi-cation. Ainsi, كِتَابَانِ signifie *deux livres*. Si l'on écrit ou l'on dit إِثْنَانِ , une certaine emphase est appliquée sur le mot *deux*.

(ii) Comme *un*, quand il s'emploie, il est traité comme un adjectif. Il se place après le nom et s'accorde en genre avec lui, ainsi qu'en cas, in-détermination et détermination.

2) **3 à 10**

١٠ ٩ ٨ ٧ ٦ ٥ ٤ ٣

(i) Ces chiffres prennent la forme féminine quand le nom compté est masculin, et la forme masculine quand le nom compté est féminin, ex.

ثَلَاثَةُ رِجَالٍ *trois hommes*; ثَلَاثُ نِسَاءٍ *trois femmes*.

Cette anomalie est commune aux langues sémitiques.

(ii) Ces chiffres sont placés, en général, devant le nom auquel ils se rapportent, et celui-ci (le nom compté) est mis au pluriel et au cas géntif, ex.

ثَلَاثَةُ رِجَالٍ *trois hommes* (litt. *une triade d'hommes*).

(iii) Quand le nom compté est défini ou annexé, le chiffre est souvent placé après, comme un adjectif, ex.

اَلْكُتُبُ الْخَمْسَةُ *les cinq livres.*

كُتُبُ أَحْمَدَ الْخَمْسَةُ *les cinq livres d'Ahmad.*

(iv) Suivis immédiatement d'un nom, les chiffres 3 à 10 perdent naturellement leur *tanwīn.*

(v) Quand ces chiffres précèdent le nom, il se déclinent et prennent le cas de celui-ci : nominatif, accusatif, datif et génitif, et le nom luimême se place après et est mis au pluriel et au cas génitif, ex.

يَتَكَلَّمُ ثَلَاثَةُ طُلَّابٍ *trois étudiants parlent.*

أَعْرِفُ ثَلَاثَةَ طُلَّابٍ *je connais trois étudiants.*

أَتَكَلَّمُ مَعَ ثَلَاثَةِ طُلَّابٍ *je parle avec trois étudiants.*

85. LES NOMBRES CARDINAUX (4)

٨٥) اَلْأَعْدَادُ الْأَصْلِيَّةُ (٤)

(3) **11** à **19**.

١٩ ١٨ ١٧ ١٦ ١٥ ١٤ ١٣ ١٢ ١١

(i) **onze** et **douze**, أَحَدَ عَشَرَ ، إِثْنَا عَشَرَ masculin,

إِحْدَى عَشْرَةَ ، إِثْنَتَا عَشْرَةَ féminin, s'accordent en genre avec le nom compté, ex.

أَحَدَ عَشَرَ أَوْ إِثْنَا عَشَرَ وَلَداً *11 ou 12 garçons.*

إِحْدَى عَشْرَةَ أَوِ إِثْنَتَا عَشْرَةَ بِنْتاً *11 ou 12 filles.*

(ii) Le genre des unités dans les nombres composés de **13** à **19** est inversé, c'est-à-dire, il suit la règle des nombres de **3** à **10** - voir 2) (i); mais la *dizaine* s'accorde en genre, ex.

خَمْسَ عَشْرَةَ بِنْتاً *15 filles,* خَمْسَةَ عَشَرَ وَلَداً *15 garçons,*

(iii) Les chiffres de **11** à **19** sont indéclinables; ils se terminent à tous les cas par une *fath>a*, même quand il prennent l'article, à l'exception du premier composant de إِثْنَتَا عَشْرَةَ et إِثْنَا عَشَرَ qui prennent dans leurs cas obliques la forme de إِثْنَتَيْ عَشْرَةَ et إِثْنَيْ عَشَرَ.

179

85. LES NOMBRES CARDINAUX (5)

٨٥) الأَعْدَادُ الأَصْلِيَّةُ (٥)

(iv) Ces chiffres sont suivis d'un nom à l'accusatif singulier (voir les exemples ci-dessus).

4) **10.**

(i) Il est à noter que, lorsque عَشْرٌ et عَشَرَةٌ s'emploient seuls, leur genre est inversé par rapport au nom compté. Quand ils s'em- ploient dans un nombre composé, c'est-à-dire de 11 à 19, il s'accordent en gen- re avec le nom compté, ex.

عَشَرَةُ رِجَالٍ *10 hommes;* خَمْسَةَ عَشَرَ رَجُلاً *15 hommes.*

عَشْرُ نِسَاءٍ *10 femmes;* خَمْسَ عَشْرَةَ إِمْرَأَةً *15 femmes.*

(ii) Le ش de عَشْرٌ, sans *tā' marbūta*, prend *sukūn*, quand عَشْرٌ s'emploie seul; quand il s'emploie dans un nombre composé, le ش prend une *fatha*, ex.

عَشْرُ *dix;* خَمْسَةَ عَشَرَ *quinze.*

(iii) Le ش de عَشَرَةٌ, avec *tā' marbūta*, prend une *fatha*, quand il s'emploie seul; il prend un *sukūn*, quand il s'emploie dans un nombre composé, c'est-à-dire l'inverse de عَشْرٌ, ex.

خَمْسَ عَشْرَةَ *quinze.* عَشَرَةٌ *dix;*

5) **20** à **90.**

٩٠ ٨٠ ٧٠ ٦٠ ٥٠ ٤٠ ٣٠ ٢٠

(i) Les ***dizaines*** de **20** à **90** s'emploient au masculin et au féminin, et se déclinent, comme le masculin pluriel sain, en <div dir="rtl">ـُونَ</div> au nominatif et <div dir="rtl">ـِينَ</div> dans les cas obliques.

(ii) Les nombres intermédiaires entre les dizaines à partir de 20 sont formés en mettant les unités devant les dizaines et en joignant les deux composants au moyen de la conjonction copulative <div dir="rtl">وَ</div>, ex.

ثَلَاثَةٌ وَعِشْرُونَ *vingt-trois.*

Les deux composants se déclinent.

(iii) Les nombres de **20** à **90**, comme ceux de **11** à **19**, sont suivis d'un nombre à l'accusatif singulier.

(6) **100** à **900.**

٩٠٠ ٨٠٠ ٧٠٠ ٦٠٠ ٥٠٠ ٤٠٠ ٣٠٠ ٢٠٠ ١٠٠

a) (i) <div dir="rtl">مِئَةٌ</div>, cent, est souvent écrit <div dir="rtl">مِائَةٌ</div>, mais l'*alif* ne se prononce pas. مائَةٌ reste invariable, comme toutes les centaines.

(ii) Le nombre **100** est suivi d'un nom au génitif singulier, ex.

مائَةُ كِتَابٍ *cent livres*; مائَةُ سَنَةٍ *cent ans*.

(iii) Quand il est suivi immédiatement d'un nom, il perd son

tanwīn.

b) (i) مائَتَانِ 200, invariable.

(ii) le chiffre **200** perd son ن quand il est suivi immédiatement d'un

nom, ex.

مائَتَا كِتَابٍ *200 livres.*

(iii) مائَتَانِ, comme مائَةٌ, est suivi d'un nom au génitif singu- lier

(voir l'exemple ci-dessus).

c) (i) **300** à **900**. Le nombre مائَةٌ étant féminin, les nombres de **3** à

9 qui le précèdent pour former les centaines de **300** à **900** prennent la

forme masculine et s'unissent souvent à lui, ex.

ثَلَاثُمائَةٍ *300*, bien que la forme correcte soit ثَلَاثُ مائَةٍ.

(ii) Le nombre مائَةٌ est féminin, donc le *trois* dans 300 ne prend

pas de *tā' marbūṭa.*

182

(iii) Les nombres **300** à **900** sont suivis d'un nom au génitif sin-gulier.

(iv) Dans les nombres composés au-dessus de **100**, le nom suit la règle dominant son rapport au dernier élément du nombre. Ainsi, dans *103 hommes*, c'est la règle pour trois qui doit être appliquée; le nom donc doit être au génitif pluriel.

7) **1000 et au-dessus.**

(i) أَلْفٌ *1 000* et أَلْفَان *2 000* suivent la même règle qui s'applique à مائَةٌ *100* et مائَتَان *200*.

(ii) أَلْفٌ est un substantif masculin dont le pluriel est آلَافٌ ou أُلُوفٌ. Ainsi, il suit la même règle s'appliquant au nombres de 3 à 10, 11 à 19, 100 à 900, ex.

ثَلَاثَةُ آلَافٍ *trois mille.*

ثَلَاثَةَ عَشَرَ أَلْفاً *treize mille.*

ثَلَاثُمِائَةِ أَلْفٍ *trois cent mille.*

85. LES NOMBRES CARDINAUX (9)

٨٥) اَلأَعْدَادُ الأَصْلِيَّةُ (٩)

(iii) Suivi immédiatement d'un nom أَلْفٌ, qu'il soit au singulier, au duel ou au pluriel, perd son *tanwīn*, et est suivi d'un génitif singulier, ex.

ثَلَاثَةُ آلَاف كِتَاب *3 000 livres.*

ثَلَاثَةَ عَشَرَ أَلْفَ كِتَابٍ *13 000 livres.*

ثَلَاثُمِائَة أَلْف كِتَابٍ *300 000 livres.*

(iv) **Remarque**. Suivi immédiatement d'un nom أَلْفَانِ, comme

مِائَتَان, perd sa ن, ex.

أَلْفَا كِتَابٍ *2000 livres*; مِائَتَا كِتَابٍ *200 livres.*

8) 1 000 000

On applique la même règle pour ce nombre que pour أَلْفٌ *1 000*

9) Les nombres composés de milliers, de centaines, de dizaines et d'unités peuvent être formés de deux manières différentes : dans l'ordre descendant ou dans l'ordre ascendant. Dans les deux cas, les unités se placent devant les dizaines) Ordre descendant : dans l'ordre descendant, on exprime d'abord les milliers, ensuite les centaines, puis les unités et les dizaines en reliant chacune des diverses classes par la conjonction وَ , ex.

9 537; ou تِسْعَةُ آلَافٍ وَخَمْسُمِائَةٍ وَسَبْعَةٌ وَثَلَاثُونَ

b) Ordre ascendant : dans cet ordre, on exprime d'abord les unités, ensuite les dizaines, puis les centaines et les milliers, en reliant chacune des diverses classes par la conjonction وَ , ex.

سَبْعَةٌ وَثَلَاثُونَ وَخَمْسُمِائَةٍ وَتِسْعَةُ آلَافٍ

Ceci, cependant, n'est pas utilisé en arabe moderne.

86. LES NOMBRES ORDINAUX

٨٦) اَلْأَعْدَادُ التَّرْتِيبِيَّةُ

اَلْأَعْدَادُ التَّرْتِيبِيَّةُ **les nombres ordinaux** de **1er** à **10ème** sont tirés, plus ou moins, des nombres cardinaux correspondants et formés d'après le schème فَاعِلٌ qui est celui du participe actif, excepté 1er qui est un élatif, c'est-à-dire un comparatif et un superlatif أَوَّلُ pour أَأْوَلُ masculin singulier, أَوَّلُونَ masclin pluriel sain, et أَوَائِلُ pluriel brisé; et أُولَى féminin singulier , أُوَّلُ pluriel (féminin) brisé.

masculin		féminin	
اَلْأَوَّلُ	le 1er	اَلْأُولَى	la 1ère
(ثَانٍ) اَلثَّانِي	le 2ème (indéf.,	اَلثَّانِيَةُ	la 2ème
اَلثَّالِثُ	le 3ème	اَلثَّالِثَةُ	la 3ème
اَلرَّابِعُ	le 4ème	اَلرَّابِعَةُ	la 4ème
اَلْخَامِسُ	le 5ème	اَلْخَامِسَةُ	la 5ème
اَلسَّادِسُ	le 6ème	اَلسَّادِسَةُ	la 6ème
اَلسَّابِعُ	le 7ème	اَلسَّابِعَةُ	la 7ème
اَلثَّامِنُ	le 8ème	اَلثَّامِنَةُ	la 8ème
اَلتَّاسِعُ	le 9ème	اَلتَّاسِعَةُ	la 9ème

86. LES NOMBRES ORDINAUX (2)
٨٦) اَلْأَعْدَادُ التَّرْتِيبِيَّةُ (٢)

اَلْعَاشِرُ *le 10ème*   اَلْعَاشِرَةُ *la 10ème*

A partir du 10ème, les nombres ordinaux sont utilisés comme cardinaux, excepté lorsqu'ils sont composés des nombres susmen-tionnés,
qui reprennent la forme normale pour les deux genres. Les deux composés des nombres ordinaux de **11ème** à **19ème** sont indéclinables. Ils se
terminent à tous les cas par une *fatḥa*.

masculin   féminin

اَلْحَادِيَ عَشَرَ *le 11ème*   اَلْحَادِيَةَ عَشْرَةَ *la 11ème*

اَلثَّانِيَ عَشَرَ *le 12ème*   اَلثَّانِيَةَ عَشْرَةَ *la 12ème*

اَلثَّالِثَ عَشَرَ *le 13ème*   اَلثَّالِثَةَ عَشْرَةَ *la 13ème*

اَلرَّابِعَ عَشَرَ *le 14ème*   اَلرَّابِعَةَ عَشْرَةَ *la 14ème*

Les nombres ordinaux de **20ème** à **90ème** sont identiques aux
nombres cardinaux, ainsi :

عِشْرُونَ *20ème*   اَلْعِشْرُونَ *le 20ème*

Les nombres ordinaux intermédiaires entre les dizaines depuis
20ème sont formés en mettant les unités devant les dizaines et en joignant les deux composants au moyen de la conjonction copulative و ,
ainsi

86. LES NOMBRES ORDINAUX (3)
٨٦) اَلْأَعْدَادُ التَّرْتِيبِيَّةُ (٣)

masculin	féminin
le 21ème اَلْحَادِي وَالْعِشْرُونَ	la 21ème اَلْحَادِيَةُ وَالْعِشْرُونَ
le 22ème اَلثَّانِي وَالْعِشْرُونَ	la 22ème اَلثَّانِيَةُ وَالْعِشْرُونَ
le 23ème اَلثَّالِثُ وَالْعِشْرُونَ	la 23ème اَلثَّالِثَةُ وَالْعِشْرُونَ

Les nombres ordinaux ont une valeur adjectivale. Ainsi s'accordent-ils en cas (excepté les nombres de 11ème à 19ème), en genre, en définition et indéfinition , ex.

يَدْرُسُ الطَّالِبُ الثَّالِثُ لُغَةً ثَانِيَةً

le 3ème étudiant étudie une 2ème langue.

On peut également utiliser une autre construction où le nombre ordinale se met au masculin en premier, suivi d'un nom indéfini, au génitif, ex.

هَذِهِ ثَالِثُ رِسَالَةٍ أَكْتُبُهَا الْيَوْمَ

c'est la troisième lettre que j'écris aujourd'hui.

au lieu de <div dir="rtl">هَذِهِ هِيَ الرِّسَالَةُ الثَّالِثَةُ الَّتِي أَكْتُبُهَا الْيَوْمَ</div> qui a la même signification. Dans cette construction, le nombre ordinal se met au masculin, quel que soit le genre (masculin ou féminin) du nom.

86. LES NOMBRES ORDINAUX (4)

٨٦) اَلأَعْدَادُ التَّرْتِيبِيَّةُ (٤)

Les adverbes numériques *premièrement, deuxièmement, troi-sièmement* peuvent être exprimés au moyen de l'accusatif indéfini, ex.

ثَالثاً   ثَانِياً   أَوَّلاً

Les adverbes numériques *une fois, deux fois, plusieurs fois* peuvent être exprimés au moyen du nom مَرَّةً à l'accusatif, ex.

مَرَّةً *une fois;* مَرَّتَيْنِ *deux fois;* مَرَّاتٍ *plusieurs fois.*

87. LES NOMS DERIVES

٨٧) اَلْمُشْتَقَّاتُ

Il y a huit sortes de **nom dérivés**, cinq d'entre eux font partie de la catégorie des *adjectifs*, ce sont :

إِسْمُ الْفَاعِلِ *le participe actif;*

إِسْمُ الْمَفْعُولِ *le participe passif;*

اَلصِّفَةُ الْمُشَبَّهَةُ *l'adjectif assimilé;*

أَفْعَلُ التَّفْضِيلِ *l'élatif;*

إِسْمُ الْمُبَالَغَةِ *l'adjectif* ou *le nom intensif;*

et trois autres font partie de la catégorie des *substantifs*, ou des *qualif-iés*; ce sont :

إِسْمُ الزَّمَانِ *le nom de temps;*

إِسْمُ الْمَكَانِ *le nom de lieu;*

إِسْمُ الْآلَةِ *le nom d'instrument.*

190

88. LE PARTICIPE ACTIF

٨٨) إِسْمُ الْفَاعِلِ

Le **participe actif** est un nom formé pour désigner celui qui fait l'action. Il a deux formes :

a) Il a la forme de فَاعِلٌ du verbe trilitère simple, en infixant une *'alif* d'allongement après la première radicale, et en donnant à la deuxième une *kasra*, ex.

كَاتِبٌ *qui écrit, écrivain*, de كَتَبَ *écrire*.

جَالِسٌ *assis*, de جَلَسَ *aller*.

ذَاهِبٌ *qui va*, ذَهَبَ *s'asseoir*.

عَالِمٌ *savant, scientifique*, de عَلِمَ *savoir*.

b) Il est formé à partir des formes dérivées du verbe trilitère à l'inaccompli en substituant le phonème مُ au préfixe de ce temps, et en donnant la voyelle *kasra* à l'avant-dernière consonne, ex.

مُعَلِّمٌ *enseignant*, de l'inaccompli يُعَلِّمُ *il enseigne*.

مُسَافِرٌ *qui voyage, voyageur*, de l'inaccompli يُسَافِرُ *il voyage*.

مُنْتَصِرٌ *victorieux*, de l'inaccompli يَنْتَصِرُ *il triomphe*.

مُسْتَعْمِلٌ *utilisateur*, de l'inaccompli يَسْتَعْمِلُ *il utilise*.

191

89. LE PARTICIPE PASSIF

٨٩) إِسْمُ الْمَفْعُولِ

Le **participe passif** est un nom formé pour désigner celui qui subit l'action. Il a deux formes :

a) la forme de مَفْعُولٌ à partir d'un verbe trilitère simple, par préfixation du phonème مَ et infixation de la *wāw* و d'allongement précédée de la voyelle *ḍamma* après la deuxième radicale, ex.

مَكْتُوبٌ *écrit*, de كَتَبَ *écrire*.

مَفْتُوحٌ *ouvert*, de فَتَحَ *ouvrir*.

مَعْرُوفٌ *connu*, de عَرَفَ *connaître*.

مَجْهُولٌ *inconnu*, de جَهَلَ *ignorer, ne pas savoir*.

b) Il est formé à partir des formes dérivées du verbe trilitère à l'inaccompli en substituant le phonème مُ au préfixe de ce temps, et en donnant la voyelle *fatḥa* à l'avant-dernière consonne, ex.

مُنَظَّمٌ *organisé*, de l'inaccompli يُنَظِّمُ *il organise*

مُغْلَقٌ *fermé*, de l'inaccompli يُغْلِقُ *il ferme*.

مُتَبَادَلٌ *mutuel*, de l'inaccompli يَتَبَادَلُ *il échange*.

192

89. LE PARTICIPE PASSIF (2)

٨٩) إسْمُ الْمَفْعُولِ (٢)

مُسْتَعْمَلٌ *utilisé,* de l'inaccompli يَسْتَعْمِلُ *il utilise.*

Remarque concernant certains types de participes actifs dérivés des verbes intransitifs : d'ordinaire, le participe passif se forme à partir d'un verbe transitif. Dans certains cas, il peut être formé à partir d'un verbe intransitif. Tandis que le participe actif, employé comme un adjectif, et qui est dérivé d'un verbe transitif, s'accorde en genre et en nombre avec son substantif, le participe passif dérivé d'un verbe intransitif ne s'accorde pas avec son substantif. Il reste toujours au masculin singulier. Cependant, il doit être suivi d'un pronom personnel se rapportant au substantif du participe-adjectif, ex.

هُوَ رَجُلٌ مَوْثُوقٌ بِهِ وَمُعْتَمَدٌ عَلَيْهِ *c'est un homme digne de confiance et de foi.*

هُمْ رِجَالٌ مَوْثُوقُونَ بِهِمْ وَمُعْتَمَدٌ عَلَيْهِمْ *ce sont des hommes dignes de confiance et de foi.*

هِيَ إِمْرَأَةٌ مَوْثُوقٌ بِهَا وَمُعْتَمَدٌ عَلَيْهَا *c'est une femme digne de confiance et de foi.*

193

89. LE PARTICIPE PASSIF (3)

٨٩) إِسْمُ الْمَفْعُولِ (٣)

هُنَّ نِسَاءٌ مَوْثُوقٌ بِهِنَّ وَمُعْتَمَدُ عَلَيْهِنَّ *ce sont des femmes*

dignes de confiance et de foi.

Les participes مُعْتَمَدٌ عَلَيْه *digne de confiance et* مَوْثُوقٌ بِه *digne*

de foi sont dérivés des verbes اِعْتَمَدَ عَلَى *avoir confiance et* وَثِقَ بِ

compter sur.

90. L'ADJECTIF ASSIMILE

٩٠) اَلصِّفَةُ الْمُشَبَّهَةُ

اَلصِّفَةُ الْمُشَبَّهَةُ **l'adjectif assimilé** est un adjectif désignant une action ou un état comme étant naturels et permanents, ou, du moins, qui durent un certain temps.

1) Il est dérivé du verbe trilitère simple et prend :

a) la forme de أَفْعَلُ (dont le féminin est فَعْلَاءُ), s'il exprime une couleur ou une particularité physique ou morale, ex.

أَزْرَقُ	bleu	أَشْقَرُ	blond
أَحْدَبُ	bossu	أَحْمَقُ	stupide, insensé, sot.

b) plusieurs autres formes, comme

كَرِيمٌ	généreux	فَرِحٌ	gai
طَيِّبٌ	bon	حُلْوٌ	doux
كَسْلَانُ	paresseux	شُجَاعٌ	brave, courageux
صَبُورٌ	très patient	حَامِلٌ	enceinte.

2) Il est dérivé des formes augmentées et prend la forme du participe actif, ex.

مُدْمِنٌ	adonné à	مُتَعَلِّمٌ	cultivé
مُتَفَائِلٌ	optimiste	مُنْتَظِمٌ	régulier, méthodique.

91. L'ELATIF

٩١) إِسْمُ التَّفْضِيلِ

On forme l'**élatif**, ou le **comparatif**, et le **superlatif**, en éliminant toute lettre additionnelle et en donnant à la racine le schème أَفْعَلُ. Lorsque la deuxième et la troisième radicale sont identiques, on donne le schème أَهَمُّ (pour أَهْمَمُ).

L'élatif se forme toujours de trois radicaux. On le forme à partir des mots composés de plus de trois radicaux du schème أَفْعَلُ qui désignent la couleur   ou la défectuosité, en utilisant أَكْثَرُ *plus,* أَقَلُّ *moins,* أَشَدُّ *intense*, suivi d'un nom à l'accusatif (un nom verbal, en général), ex.

أَكْثَرُ تَسَامُحاً *plus tolérant*, du verbe تَسَامَحَ

أَقَلُّ اسْتِعْمَالاً *mois utilisé*, du verbe اِسْتَعْمَلَ

أَشَدُّ حُمْرَةً *plus rouge* (litt. *plus intensif en rougeur*).

L'élatif s 'emploie seulement au masculin singulier. Le superlatif s'emploie comme un adjectif ayant la forme féminine فَعْلَى. Par conséquent, il doit s'accorder en genre et en nombre avec le nom auquel il se rapporte, ex.

91. L'ELATIF (2)

٩١) إِسْمُ التَّفْضِيلِ (٢)

	Singulier	Duel	Pluriel
Masculin	أَكْبَرُ	أَكْبَرَانِ	أَكْبَرُونَ
Féminin	كُبْرَى	كُبْرَيَانِ	كُبْرَيَاتُ

Cependant, au lieu d'utiliser le superlatif, les Arabes préfèrent utiliser l'élatif comme nom suivi d'un génitif, plutôt que comme un adjectif, ex.

فِبْرَايِرُ هُوَ أَقْصَرُ شَهْرٍ فِي السَّنَةِ

février est le mois le plus court de l'année.

فِبْرَايِرُ هُوَ الشَّهْرُ الْأَقْصَرُ فِي السَّنَةِ

au lieu de

bien que la dernière construction soit permise.

Si la deuxième partie de la comparaison n'est pas un nom, mais une phrase entière ou une détermination adverbiale, elle est précédée de مِمَّا (pour مِنْ مَا), avec un verbe, ou la préposition مِنْ avec un pronom affixe, ex.

اَلطَّقْسُ أَجْمَلُ الْيَوْمَ مِنْهُ أَمْسِ

il fait meilleur aujourd'hui qu'hier (litt. *le temps est mieux aujourd'hui que lui hier*) ou

91. L'ELATIF (3)
٩١) إِسْمُ التَّفْضِيلِ (٣)

اَلطَّقْسُ أَجْمَلُ الْيَوْمَ مِمَّا كَانَ أَمْسِ (litt. *qui il était hier).*

Remarque. L'élatif est équivalent au comparatif de supériorité et au superlatif relatif. Il ne comprend pas le comparatif d'égalité.

92. LE NOM INTENSIF

٩٢) صِيغَةُ الْمُبَالَغَةِ

صِيغَةُ الْمُبَالَغَةِ le **nom intensif** indique le degré d'intensité de la qualité possédée par le sujet ou une action intensive ou habituelle. Il dérive, en général, de la forme فَاعِلٌ ou d'un qualificatif assimilé d'une racine trilitère primitive.

Il a plusieurs formes, particulièrement :

فَعَّالٌ   أَكَّالٌ *glouton,* de آكِلٌ *mangeant.*

شَرَّابٌ *qui boit beaucoup,* de شَارِبٌ *buvant.*

فَعَّالَةٌ   عَلَّامَةٌ *un grand savant.*

جَمَّاعَةٌ *un grand collectionneur.*

فَعُولٌ   صَبُورٌ *très patient,* كَسُولٌ *très paresseux.*

Le schème فَعَّالٌ s'emploie substantivement pour désigner des noms d'artisans accomplissant habituellement une tâche. Il est déverbatif ou dénominatif, ex.

خَبَّازٌ *boulanger,* de خَبَزَ *faire, cuire du pain.*

199

92. LE NOM INTENSIF (2)

٩٢) صِيغَةُ الْمُبَالَغَةِ (٢)

طَبَّاخٌ *cuisinier*, de طَبَخَ *cuisiner*.

نَجَّارٌ *menuisier*, de نَجَرَ *travailler* (le bois).

خَيَّاطٌ *tailleur*, de خَاطَ *coudre*.

بَنَّاءٌ *maçon*, de بَنَى *construire*.

حَمَّالٌ *porteur*, de حَمَلَ *porter*.

حَدَّادٌ *forgeron*, de حَدِيدٌ *fer*.

93. LE NOM DE TEMPS ET DE LIEU

٩٣) إِسْمُ الزَّمَانِ وَالْمَكَانِ

Le **nom de temps et de lieu** sert à indiquer le lieu et le temps où se produit l'action ou la manière d'être exprimé par le verbe dont il dérive.

Dérivé du verbe trilitère, il se forme à partir de l'inaccompli de ce verbe en substituant au préfixe le phonème مَ et en donnant à la deuxième radicale une *fatha*, si l'inaccompli est en *fatha* ou *dammá* ou en donnant à la deuxième radicale une *kasra*, si l'inaccompli est une *kasra*, ou si le verbe a une وَ *wāw* comme première radicale. Ces noms ont pour schème مَفْعَلٌ ou مَفْعِلٌ ou مَفْعَلَةٌ, ou مَفْعَلَةٌ, ex.

مَكْتَبٌ *bureau*, du verbe كَتَبَ *écrire*.

مَعْمَلٌ *usine*, du verbe عَمِلَ *travailler*.

مَدْرَسَةٌ *école*, du verbe دَرَسَ *étudier*.

مَنْزِلٌ *maison*, du verbe نَزَلَ *descendre*.

مَوْضِعٌ *endroit*, du verbe وَضَعَ *poser*.

201

93. LE NOM DE TEMPS ET DE LIEU (2)

٩٣) إِسْمُ الزَّمَانِ وَالْمَكَانِ (٢)

مَوْعِدٌ *moment fixé* (pour l'accomplisssement de qqch), *date* (prévue); *rendez-vous,* du verbe وَعَدَ *promettre.*

مَغْرِبٌ *moment du coucher de soleil; ouest,* du verbe غَرَبَ *se coucher* (soleil).

Dérivés des verbes augmentés, les noms de lieu et de temps prennent les schèmes du participe passif, ex.

مُلْتَقَى *lieu de rencontre,* du verbe الْتَقَى *rencontrer.*

مُسْتَشْفَى *hôpital,* du verbe اِسْتَشْفَى *se faire soigner.*

94 LE NOM D'INSTRUMENT

٩٤) إِسْمُ الْآلَةِ

Le **nom d'instrument** indique l'*instrument* dont on se sert pour exécuter l'action exprimée par le verbe. Il ressemble au nom de temps et de lieu par la préfixation du phonème مـ , mais cette lettre est affectée par *kasra* à la place de *fatḥa*. Le nom d'instrument prend les formes suivantes :

مِفْعَالٌ , مِفْعَلَةٌ et مِفْعَلٌ , ex.

مِفْتَاحٌ *clef*, du verbe فَتَحَ *ouvrir*.

مِصْبَاحٌ *lampe*, du verbe صَبَحَ *luire*.

مِكْنَسَةٌ *balai*, du verbe كَنَسَ *balayer*.

مِلْعَقَةٌ *cuiller*, du verbe لَعِقَ *lécher*.

مِصْعَدٌ *ascenseur*, du verbe صَعِدَ *monter*.

مِقَصٌّ *ciseaux*, du verbe قَصَّ *couper*.

D'autres formes, en particulier فَعَّالٌ et فَعَّالَةٌ ont été introduites récemment par l'Académie (de langue), ex.

203

94. LE NOM DE'INSTRUMENT (2)

٩٤) إِسْمُ الآلَةِ (٢)

ثَلَّاجَةٌ *réfrigérateur*, de ثَلْجٌ *neige.*

غَسَّالَةٌ *machine à laver*, du verbe غَسَلَ *laver.*

عَدَّادٌ *compteur*, du verbe عَدَّ *compter.*

خَلَّاطَةٌ ou خَلَّاطٌ *mixer*, du verbe خَلَطَ *mélanger.*

Il existe un grand nombre de noms d'instruments qui sont primitifs,

c'est-à-dire qui ne sont pas dérivatifs, et qui ont des schèmes variés, ex.

كِيسٌ *cruche;* سِكِّينٌ *couteau;* جَرَسٌ *cloche;* قَلَمٌ *stylo, plume;* إِبْرِيقٌ

sac, bourse, escarcelle, etc.

95. LE NOM INFLEXIBLE
ET LE NOM FLEXIBLE

٩٥) اَلْمَبْنِيُّ وَالْمُعْرَبُ

(1) اَلْمَبْنِيُّ Le **nom inflexible** est celui qui conserve toujours la même forme et dont la voyelle finale ne se modifie pas sous l'influence d'un régissant :

Il peut être inflexible par *damma* ُ :

حَيْثُ *où*;

ou par *fatḥa* َ :

أَرْبَعَةَ عَشَرَ *quatorze*;

ou par *kasra* ِ :

أَمْسِ *hier*;

(2) اَلْمُعْرَبُ le **nom flexible** est celui dont la voyelle finale se modifie sous l'influence d'un régissant :

يَدْرُسُ الطَّالِبُ *l'étudiant étudie*.

أَعْرِفُ الطَّالِبَ *je connais l'étudiant*.

أَتَكَلَّمُ مَعَ الطَّالِبِ *je parle avec l'étudiant*.

96. LE NOM COMMUN
ET LE NOM PROPRE

٩٦) إِسْمُ الْجِنْسِ وَإِسْمُ الْعَلَمِ

Les noms sont classés selon leur signification et peuvent être :

1) إِسْمُ الْجِنْسِ le **nom commun** sert à désigner toutes les personnes, tous les animaux, tous les objets de la même espèce, et peut être soit

a) إِسْمُ عَيْنٍ un **nom concret** qui dénote un objet concret, un nom comme

شَجَرَةٌ *arbre;* كَلْبٌ *chien;* رَجُلٌ *homme;*

ou un adjectif comme

مُتَعَلِّمٌ *instruit.* عَارِفٌ *connaissant, sachant;*

b) إِسْمُ مَعْنًى un **nom abstrait** qui dénote une idée abstraite, un nom comme

حَيَاةٌ *vie;* كَرَمٌ *générosité;* شَجَاعَةٌ *courage;*

ou un adjectif comme

مَفْهُومٌ *compris;* مُتَبَادَلٌ *mutuel, réciproque.*

96. LE NOM COMMUN ET LE NOM PROPRE (2)

٩٦) إِسْمُ الْجِنْسِ وَإِسْمُ الْعَلَمِ (٢)

Quand le nom commun s'emploie dans un sens général, il prend
l'article, exemple :

اَلْمَاءُ l'eau; اَلطَّبِيعَةُ la nature; اَلْحَيَاةُ la vie.

2) إِسْمُ عَلَمٍ un **nom propre** est le nom particulier donné à une
personne, à un animal ou à une chose; il ne s'applique pas en général
aux autres individus de la même espèce, ex.

أَحْمَدُ Ahmad; مَكَّةُ la Mecque; ضَمْرَانُ (nom d'un chien).

Il est à noter que les noms propres sont toujours définis, qu'ils prennent
l'article ou pas.

97. LE NOM PRIMITIF
ET LE NOM DERIVE

٩٧) اَلْجَامِدُ وَالْمُشْتَقُّ

1) اَلْجَامِدُ le **nom primitif** est stationnaire; il n'évolue pas. C'est un nom qui n'est, lui-même, ni un nom verbal, ni un infinitif, ni dérivé d'un nom verbal, et qui ne donne naissance ni à nom verbal, ni à un verbe, comme

رَجُلٌ homme; قِطٌّ chat, رَأْسٌ tête; شَمْسٌ soleil.

Les noms primitifs, en fait, sont ces mots qui décrivent les objets familiers de tous les jours dans la société primitive. On peut classer avec ces noms, les noms empruntés à des langues étrangères, ex.

جِنْسٌ espéce, race, du grec *genos* duquel sont dérivés les verbes

جَنَّسَ (II) *classer, assortir;* جَانَسَ (III) *être du même genre.*

2) اَلْمُشْتَقُّ le **nom dérivé** d'un autre nom, ou d'une racine verbale.

a) Un nom dérivé d'un verbe est dit déverbatif :

208

97. LE NOM PRIMITIF ET LE NOM DERIVE (2)

٩٧) اَلْجَامِدُ وَالْمُشْتَقُّ (٢)

عَالِمٌ *savant, du verbe* عَلِمَ *savoir.*

كَاتِبٌ *écrivain, du verbe* كَتَبَ *écrire.*

مِفْتَاحٌ *clef, du verbe* فَتَحَ ouvrir.

b) Un nom dérivé d'un nom est dit *dénominatif :*

بَلَدِيَّةٌ *commune,* du nom بَلْدَةٌ *ville.*

جِنْسِيَّةٌ *nationalité,* du nom جِنْسٌ *race.*

رِئَاسَةٌ *présidence,* du nom رَئِيسٌ *président.*

98. LE COMPLEMENT ABSOLU

٩٨) اَلْمَفْعُولُ الْمُطْلَقُ

اَلْمَفْعُولُ الْمُطْلَقُ le **complément absolu** est un nom verbal à l'accusatif, répété après le même verbe afin de :

a) renforcer l'action, ex.

يَعْمَلُ عَمَلاً *il travaille (vraiment).*

b) décrire la manière à laquelle l'action se déroule, qualifié par un adjectif, ex.

اِسْتَقْبَلَهُ اسْتِقْبَالاً حَارّاً *il l'a accueilli chaleureusement* (litt. *il l'a accueilli d'un accueil chaleureux).*

يُفَكِّرُ تَفْكِيراً إِيجَابِيّاً *il pense positivement* (litt. *il pense d'une pensée positive).*

Il convient de mentionner, à cet effet, que l'arabe ne possède pas d'adverbes proprement dits.

210

99. LE COMPLEMENT DE CAUSE

٩٩) اَلْمَفْعُولُ لِأَجْلِهِ

اَلْمَفْعُولُ لِأَجْلِهِ le **complément de cause** est un nom verbal à l'accusatif, mentionné après le verbe pour exprimer *le but et l'objectif*. Il est la réponse à la question *pourquoi ?* ex.

لَا يَلْعَبُ الطِّفْلُ مَعَ الْكَلْبِ خَوْفاً مِنْهُ l'enfant ne joue pas avec le chien de peur de lui.

يَجْتَهِدُ الطَّالِبُ فِي دُرُوسِهِ أَمَلاً فِي النَّجَاحِ فِي الْامْتَحَانِ

l'étudiant étudie avec assiduité dans l'espoir de réussir à l'examen.

يَضْحَكُ الطِّفْلُ ابْتِهَاجاً l'enfant rit de joie.

يكْتُبُ إِلَيْهِ تَعْبِيراً لَهُ عَنْ شُكْرِهِ الْعَمِيقِ Il lui écrit pou lui exprimer sa profonde gratitude.

211

100. LE VOCATIF

١٠٠) اَلْمُنَادَى

اَلْمُنَادَى le **vocatif** ou **la personne** ou **la chos**e **appelée**, est précédé, généralement, par l'une des حُرُوفُ النِّدَاءِ *lettres d'appel,* dont la principale est يَا . Il doit être suivi d'un nom qui n'est pas défini par l'article, et qui est mis tantôt au nominatif, tantôt à l'accusatif.

1) Il est mis au nominatif sans *tanwīn* :

a) quand il est un nom propre, ex.

يَا مُحَمَّدُ *O Muhamad !* يَا فَاطِمَةُ *O Fâṭimah !*

b) quand la personne ou la chose particulières appelées sont visées directement, ex.

يَا وَلَدُ *O garçon !* يَا سَيِّدُ *O Monsieur !*

2) Il est à l'accusatif :

a) s'il est suivi d'un génitif, ex.

يَا مُعَلِّمَ الْعَرَبِيَّةِ *O professeur d'arabe !*

b) s'il est assimilé au nom annexé, ex.

212

100. LE VOCATIF (2)

يَا قَارِئاً كِتَاباً *O vous qui êtes en train de lire un livre !*

c) quand la personne ou la chose appelées sont indéfinies, et ne

sont pas visées directement, ex.

يَا مُسَافِراً اِحْجِزْ تَذْكِرَتَكَ (تَذْكَرَتَكَ) مُسَبَّقاً *O voyageur, faites vos*

réservations à l'avance !

213

101. L'EXCEPTION

(١٠١) اَلْاِسْتِثْنَاءُ

Le moyen habituel d'exprimer l'**exception** اَلْاِسْتِثْنَاءُ est par l'usage de la particule إِلَّا .

Dans l'*exception*, deux éléments importants sont engagés : la chose ou la personne exceptée, et le *terme général*, ex.

جَاءَ الطُّلَّابُ إِلَّا فَرِيداً *tous les étudiants sont venus, à part* **Farīd.**

Ainsi, *Farīd* est l'*exception* et *les étudiants* sont le *terme général*.

En ce qui concerne les cas, l'exception peut être considérée comme étant de trois types :

a) Elle est mise à l'accusatif, quand la proposition est à l'affirmatif, et quand le terme général est mentionné, comme l'indique l'exemple précédent.

b) L'exception peut être mise soit à l'accusatif, soit au même cas que le terme général, et cela quand la proposition est négative, et le terme général est mentionné, ex.

مَا جَاءَ الطُّلَّابُ إِلَّا فَرِيداً أَوْ فَرِيدٌ *aucun des étudiants n'est venu, à part* **Farīd.**

101. L'EXCEPTION (2)

١٠١) اَلاِسْتِثْنَاءُ (٢)

c) Quand la proposition est négative, et le terme général n'est pas mentionné, l'exception prend le même cas que le terme général aurait pris, s'il avait était mentionné, ex.

مَا جَاءَ إِلاَّ طَالِبٌ

un seul étudiant est venu.

لاَ أَعْرِفُ إِلاَّ طَالِباً

je connais un seul étudiant.

لاَ أَتَكَلَّمُ إِلاَّ مَعَ طَالِبٍ

je parle avec un seul étudiant.

Il est à noter que cette situation se produit uniquement dans une phrase négative.

Il existe d'autres particules qui pourraient prendre la place de إِلاَّ avec la même signification :

1) سِوَى et غَيْرُ suivies d'un génitif, ex.

لا يَنْجَحُ سِوَى الْمُجْتَهِد

seul un étudiant studieux réussit.

لاَ يَعْرِفُ مُعْظَمُ النَّاسِ سِوَى لُغَتِهِمِ الْأُمِّ

la majorité des gens ne connaissent que leur langue maternelle.

2) خَلا , عَدَا , حَاشَا .

101. L'EXCEPTION (3)

(١٠١) اَلاِسْتِثْنَاءُ (٣)

a) Si elles agissent comme des verbes, elles introduisent l'accusatif.

b) Si elles agissent comme des prépositions, elles introduisent le
datif.

c) Si elles sont précédées par مَا elles doivent introduire l'accusatif, ex.

يُفْتَحُ هَذَا الْمَطْعَمُ كُلَّ يَوْمٍ خَلَا/عَدَا/حَاشَا يَوْمَ الْأَحَدِ/يَوْمِ الْأَحَدِ

ce restaurant est ouvert tous les jours sauf le dimanche.

نَجَحَ الطُّلَّابُ مَاعَدَا/مَا خَلَا وَاحِداً *les étudiants ont tous*

réussi, excepté un seul.

102. *LĀ* NEGATRICE DU GENRE

١٠٢) لَا النَّافِيَةُ لِلْجِنْسِ

لَا النَّافِيَةُ لِلْجِنْسِ *lā* **qui dénie l'espèce** introduit, comme إِنَّ , le

sujet de la phrase nominale à l'accusatif, est appelé le *nom de* لَا . Il

doit être indéfini, et sans *tanwīn*. L'attribut peut être omis, lorsqu'il est

suffisamment indiqué, comme lorsqu'on pose la question :

هَلْ هُنَاكَ أَحَدٌ فِي الْمَنْزِلِ ؟ *y a-t-il quelqu'un à la maison ?* ou

هَلْ هُنَاكَ شَيْءٌ ؟ *y a-t-il quelque chose ?*

et l'on répond :

لَا أَحَدَ ، لَا شَيْءَ *personne, rien.*

103. L'EXCLAMATION

١٠٣) اَلتَّعَجُّبُ

La langue arabe possède deux formes pour exprimer اَلتَّعَجُّبُ *la surprise* ou *l'étonnement*, c'est-à-dire **l'exclamation** :

1) La troisième personne du masculin singulier de l'accompli du verbe de la forme أَفْعَلَ précédée de مَا suivie de l'objet à l'accusatif, c'est-à-dire l'objet qui cause la surprise ou l'étonnement ou l'exclamation, ex.

مَا أَحْسَنَ الْوَرْدَ فِي الْحَدِيقَةِ ! *comme les roses du jardin sont belles !*

2) La deuxième personne du masculin singulier de l'impératif du verbe de la forme أَفْعَلَ suivie de la préposition بِ avec le génitif, ex.

أَكْرِمْ بِصَدِيقِكَ ! *comme il est généreux votre ami !*

104. LE SPECIFICATIF

١٠٤) اَلتَّمْيِيزُ

اَلتَّمْيِيزُ le **spécificatif** est un substantif indéfini placé immédiatement après la préposition dont il limite ou définit l'attribut. Il est mis à
l'accusatif. Lorsque vous dites :

اشْتَرَيْتُ رَطْلاً *j'ai acheté une livre,* on ne comprend pas ce que vous
voulez dire par *une livre,* qui pourrait être une livre de tomates, de sucre
ou de quoi que ce soit, à moins que vous spécifiez, en ajoutant, par
exemple :

اشْتَرَيْتُ رَطْلاً لَحْماً *j'ai acheté une livre de viande.*

Le spécificatif peut aussi être exprimé au moyen de l'annexion, ou
de la préposition مِنْ, en disant

فِنْجَاناً مِنَ الْقَهْوَةِ ou فِنْجَانَ قَهْوَةٍ ou شَرِبْتُ فِنْجَاناً قَهْوَةً

j'ai bu une tasse de café.

Il y a plusieurs sortes de *spécificatif* :

a) Le spécificatif de poids, comme dans l'exemple précédent, et de
mesure, comme :

219

اِشْتَرَيْتُ مِتْراً نَسِيجاً *j'ai acheté un métre de tissu.*

b) Le spécificatif après كَمْ , ex.

كَمْ وَلَداً لَكَ *combien d'enfants avez-vous ?*

c) Le spécificatif du nombre :

(i) Le génitif pluriel après les nombres cardinaux de 3 à 10, ex.

لَهُ ثَلاَثَةُ أَوْلاَدٍ *il a trois enfants.*

(ii) l'accusatif singulier après les nombres cardinaux de 11 à 99, ex.

يَعْمَلُ الْمُوَظَّفُونَ أَرْبَعِينَ سَاعَةً فِي الْأُسْبُوعِ *les fonctionnaires travail-*

lent quarante heures par semaine.

(iii) le génitif singulier après les nombres cardinaux 100 et 1000, ex.

يَبْلُغُ عَدَدُ أَعْضَاءِ هَذِهِ الْجَمْعِيَّةِ مِائَةَ عُضْوٍ *le nombre des membres*

de cette association atteint cent membres.

105. L'ADVERBE D'ETAT
OU DE CONDITION

١٠٥) اَلْحَالُ

اَلْحَالُ l'**état** ou **la condition** ou **l'accusatif circonstanciel,** c'est-à-dire un accusatif qui exprime l'état ou la condition de l'objet au moment ou l'action se produit. En d'autres termes, c'est un objet qui exprime un état transitoire, bien qu'il puisse être permanent.

اَلْحَالُ s'emploie pour décrire les conditions ou les circonstances qui règnent à l'instant ou l'action du verbe principal a lieu. Il prend l'accusatif.

a) Il est, en général, indéfini et dérivé. Il peut être un participe actif ou passif, ex.

يَسْتَرِيحُ رَاقداً *il se repose couché.*

يُسَافِرُ مَسْرُوراً *il voyage content.*

b) Il est exprimé, en principe, à l'aide d'un seul mot. Mais il peut être une phrase verbale ou nominale, ex.

221

105. L'ADVERBE D'ETAT OU DE CONDITION (2)

٥٠١) اَلْحَالُ (٢)

رَأَيْتُهُ وَيَخْرُجُ مِنَ الْبَيْت *je l'ai vu sortir de la maison.*

يُغَادِرُ الطَّالِبُ الْجَامِعَةَ وَشَهَادَتُهُ فِي جَيْبِهِ *l'étudiant quitte l'université*

avec son diplôme dans la poche.

وَ est un connecteur; il devrait y avoir soit وَ soit un pronom person-

nel affixe pour lier la phrase qui constitue l'état ou la condition à صَاحِبُ

اَلْحَال le sujet ou l'objet de l'action, auquel اَلْحَالُ se rapporte.

222

106. LE COMPLEMENT
DE CONCOMITANCE

١٠٦) اَلْمَفْعُولُ مَعَهُ

اَلْمَفْعُولُ مَعَهُ le **complément de concomitance** ou d'accom-

pagnement. C'est un complément qui exprime la simultanéité. C'est un

nom à l'accusatif, placé après وَ ayant le sens de *avec, en compagnie*

de, pendant, en même temps que, le long de, etc.

أَتَجَوَّلُ وَالْبُحَيْرَةَ *je me promène le long du lac.*

أَدْرُسُ وَاللَّيْلَ *j'étudie pendant la nuit.*

يُسَافِرُ الْأَوْلَادُ وَوَالِدَيْهِمْ *les enfants voyagent en compagnie de*

leurs parents.

لَا يَذْهَبُ الْمُوَظَّفُ وَزَمِيلَهُ فِي الْمَكْتَبِ فِي عُطْلَةٍ *le fonctionnaire ne*

part pas en vacances en même temps que son collègue de bureau.

107. L'ADVERBE
DE TEMPS ET DE LIEU

١٠٧) ظَرْفُ الزَّمَانِ وَالْمَكَانِ

1) ظَرْفُ الزَّمَانِ l'**adverbe de temps** est un nom utilisé pour pour indiquer le temps durant lequel l'action a lieu. Il est la réponse à la question *quand* ? ex.

اَلْمَطَارُ مَفْتُوحٌ لَيْلاً وَنَهَاراً

l'*aéroport est ouvert jour et nuit.*

2) ظَرْفُ الْمَكَانِ l'**adverbe de lieu** est un nom utilisé pour indiquer le lieu où l'action a lieu. C'est la réponse à la question *où* ? ex.

أُحِبُّ السَّفَرَ بَرّاً أَوْ بَحْراً أَوْ جَوّاً

j'aime voyager par terre, par mer ou par air.

108. LE NOM D'UNE FOIS

١٠٨) إِسْمُ الْمَرَّةِ

إِسْمُ الْمَرَّةِ le **nom d'une fois** est un singulatif verbal qui indique que l'action exprimée par le verbe n'a lieu qu'une fois ou une certaine fois.

a) Il est dérivé du verbe trilitère simple, et il a le schème de فَعْلَةٌ, ex.

نَظَرَ إِلَيْهِ نَظْرَةً *il l'a regardé une fois.*

دَقَّ الْهَاتِفُ ثَلَاثَ دَقَّاتٍ *le téléphone a sonné trois fois.*

b) Il est dérivé des formes augmentées, en ajoutant la terminaison du féminin ة au nom verbal, ex.

يَسْتَعْمِلُهُ اسْتِعْمَالَاتٍ كَثِيرَةً *il lui sert pour plusieurs usages.*

يَنْتَقِدُ انْتِقَادَاتٍ مُتَعَدِّدَةً *il fait beaucoup de critiques.*

225

109. LE NOM DE MANIERE

١٠٩) إِسْمُ النَّوْعِ أَوْ إِسْمُ الْهَيْئَة

إِسْمُ النَّوْعِ أَوْ إِسْمُ الْهَيْئَة le **nom de genre** ou **nom de manière**
indique de quelle manière ou comment est faite l'action exprimée par le
verbe, soit dans un sens actif, soit dans un sens passif.

a) Il est dérivé du verbe trilitère simple, et il a le schème de فِعْلَةٌ,
ex.

يَضْحَكُ ضِحْكَةَ الطِّفْل *il rit comme un enfant.*

تَنْظُرُ إِلَى كُلِّ طِفْلٍ نِظْرَةَ الْأُمِّ *elle regarde tous les enfants*

comme une mère.

b) Il est dérivé des formes augmentées, en ajoutant la terminaison
du féminin ة au nom verbal, ex.

اِسْتَقْبَلَهُ اسْتِقْبَالَةَ الْأَمِيرِ *il l'a accueilli comme un prince.*

اِنْتَفَضَ الشَّعْبُ بِكَامِله انْتِفَاضَةَ الرَّجُلِ الْوَاحِدِ *la nation entière s'est*

soulevée comme un seul homme.

110. LA SPECIFICATION OU LA PARTICULARISATION

١١٠) اَلْاِخْتِصَاصُ

اَلْاِخْتِصَاصُ la **spécification** est un nom à l'accusatif précédé, en général, d'un pronom de la première personne, rarement de la deuxième, et qui se rapporte à ce nom, sans aucune intervention du verbe. La spécification ou la particularisation est le nom que le pronom représente et auquel l'énoncé fait se rapporte. Elle s'explique avec une ellipse de أَعْنِي *je veux dire*, ou أَخُصُّ *je spécifie*. Elle doit toujours être définie par l'article ou par l'annexion, ex.

نَحْنُ الطُّلَّابَ *nous, les étudiants.*

نَحْنُ طُلَّابَ اللُّغَةِ الْعَرَبِيَّةِ *nous, les étudiants de la langue arabe.*

111. LES SUIVEURS
OU APPOSITIFS

١١١) اَلتَّوَابِعُ

Les grammairiens arabes appellent appositifs les compléments qui sont coordonnés avec, ou qui se placent en apposition au sujet ou à l'attribut اَلتَّوَابِعُ suiveurs (singulier تَابِعٌ). Le mot auquel ils sont placés en apposition et avec lequel ils s'accordent en cas, s'appelle اَلْمَتْبُوعُ celui qui est suivi (par un certain mot en apposition).

Les suiveurs et appositifs sont au nombre de cinq :

اَلنَّعْتُ ou اَلصِّفَةُ l'adjectif;

اَلتَّوْكِيدُ le confirmatif ou la corroboration;

اَلْبَدَلُ le substitut ou le permutatif;

اَلْعَطْفُ l'attraction ou la coordination, qui peut être :

عَطْفُ الْبَيَانِ la connection explicative;

عَطْفُ النَّسَقِ la connection de séquence;

اَلْحِكَايَةُ l'imitation ou la citation.

112. L'ADJECTIF

اَلصِّفَةُ أَوِ النَّعْتُ (١١٢

L'**adjectif** sert à désigner la manière d'être, l'état, la qualité. Il y a sept sortes d'adjectifs, que nous avons étudiés, ou que nous étudierons, chacune en détail; ce sont :

1) إِسْمُ الْفَاعِل   *le participe actif;*

2) إِسْمُ الْمَفْعُول   *le participe passif;*

3) اَلْعَدَدُ التَّرْتِيبِيُّ   *le nom de nombre ordinal;*

4) إِسْمُ الْمَفْعُول   *le qualificatif assimilé;*

5) إِسْمُ الْمُبَالَغَة   *l'intensif;*

6) إِسْمُ التَّفْضِيل   *l'élatif,* c'est-à-dire *le comparatif* et

le superlatif;

7) إِسْمُ النِّسْبَة   *l'adjectif de relation.*

L'adjectif qui se place après son substitut, s'accorde avec lui en genre, nombre, cas, indétermination et détermination, excepté le comparatif qui s'emploie seulement au masculin singulier.

Quant à l'adjectif dont le substantif est un pluriel irrationnel, c'est-à-dire un pluriel d'animaux ou de choses, il s'emploie au féminin singulier.

229

a)

مُعَلِّمٌ مُحْتَرِفٌ

مُعَلِّمَانِ مُحْتَرِفَانِ

مُعَلِّمُونَ مُحْتَرِفُونَ

b)

اَلْمُعَلِّمَةُ الْمُحْتَرِفَةُ

اَلْمُعَلِّمَتَانِ الْمُحْتَرِفَتَانِ

اَلْمُعَلِّمَاتُ الْمُحْتَرِفَاتُ

c)

كَلْبٌ لَطِيفٌ

كَلْبَانِ لَطِيفَانِ

كِلَابٌ لَطِيفَةٌ

d)

اَلْكِتَابُ الْمُفِيدُ

اَلْكِتَابَانِ الْمُفِيدَانِ

اَلْكُتُبُ الْمُفِيدَةُ

a) *un enseignant professionnel,* sing., duel et plur.;

b) *l'enseignante professionnelle,* sing., duel et plur.;

c) *un chien gentil,* sing., duel et plur.;

d) *le livre intéressant,* sing. duel et plur.

Prenez bien note de l'accord de l'adjectif avec son substantif, et comparez les groupes a) et b) avec les groupes c) et d).

113. LE QUALIFICATIF CONNECTE

١١٣) اَلنَّعْتُ السَّبَبِيُّ

اَلنَّعْتُ السَّبَبِيُّ le **qualificatif connecté**. L'adjectif peut se rapporter directement au substantif (dans ce cas il est un simple adjectif comme dans :

هُوَ وَلَدٌ مُهَذَّبٌ *c'est un garçon bien élevé*;

ou indirectement, en raison du mot qui le suit qui lui est connecté, comme :

هُوَ وَلَدٌ مُهَذَّبَةٌ أُمُّهُ *c'est un garçon dont la mère est courtoise.*

Dans ce dernier cas, l'adjectif, comme attribut préfixé, appartient au nom suivant avec lequel il s'accorde seulement en genre, tandis qu'il s'accorde avec le précédent substantif en cas et en indéfinition et défini-tion, seulement par attraction. Cependant, il (l'adjectif) reste au singulier, même si le nom suivant auquel il appartient est au duel ou au pluriel, exactement comme le verbe, quand il précède son sujet, et s'accorde avec le nom seulement en genre, pas en nombre, ex.

231

113. LE QUALIFICATIF CONNECTE (2)
١١٣) اَلنَّعْتُ السَّبَبِيُّ (٢)

c'est une femme dont le هِيَ إِمْرَأَةٌ مُتَعَلِّمٌ إِبْنُهَا / إِبْنَاهَا / أَبْنَاؤُهَا

fils/les deux fils/les fils sont cultivés.

c'est un garçon dont le père est généreux. هُوَ وَلَدٌ أَبُوهُ كَرِيمٌ

D'autre part, si le substantif précède l'adjectif, comme dans l'exemple ci-dessus, le second substantif, et l'adjectif qui le suit, forment ensemble une phrase nominale réelle, dont le sustantif est le sujet, et l'adjectif est l'attribut; par conséquent, les deux restent au nominatif, comme dans une phrase nominale normale.

114. LE CONFIRMATIF OU LA CORROBORATION

١١٤) اَلتَّوْكِيدُ

اَلتَّوْكِيدُ le **confirmatif** ou la **corroboration** s'emploie comme emphase. Il consiste en deux types :

a) اَلتَّوْكِيدُ اللَّفْظِيُّ la **corroboration verbale** qui consiste en une répétition emphatique, comme dans :

اِنْتَظِرْ، اِنْتَظِرْ لَحْظَةً *attendez, attendez un moment.*

نَعَمْ، نَعَمْ *oui, oui;* لَا، لَا *non, non.*

b) اَلتَّوْكِيدُ الْمَعْنَوِيُّ la **corroboration dans le sens** qui s'emploie avec des mots tels que :

نَفْسٌ *âme, soi-même, même.*

عَيْنٌ *oeil, soi-même, même.*

كُلٌّ *totalité, tous, toutes.*

جَمِيعٌ *totalité, tous, toutes, l'ensemble de.*

عَامَّةٌ *totalité, tous, toutes, l'ensemble de.*

كِلَا, masc. كِلْتَا, fém. *les deux.*

114. LE CONFIRMATIF OU
LA CORROBORATION (2)
١١٤) اَلتَّوْكِيدُ (٢)

Quand ils s'emploient, ces mots doivent être suivis d'un pronom personnel affixe qui se rapporte au corroboratif.

Ils renforcent l'idée de la totalité ou de soi déjà contenue dans le substantif ou اَلْمَتْبُوعُ *celui qui est suivi,* ex.

حَضَرَ الرَّئِيسُ نَفْسُهُ/عَيْنُهُ الْاِجْتِمَاعَ *le président, lui-même, a assisté à la réunion.*

Si le nom est au pluriel, la forme du pluriel أَعْيُنٌ et أَنْفُسٌ doit être utilisée. Si le nom est au duel, on peut employer soit le singulier, soit le duel comme dans :

جَاءَ الْوَزِيرَانِ نَفْسُهُمَا أَوْ نَفْسَاهُمَا *les deux ministres, eux-mêmes, sont venus.*

Ces mots sont souvent reliés aux noms auxquels il se rapportent à l'aide de la préposition بـ comme dans :

رَأَيْتُ الْمُمَثِّلَ بِعَيْنِهِ أَوْ بِنَفْسِهِ *j'ai vu l'acteur en personne.*

D'autres exemples avec d'autres mots :

114. LE CONFIRMATIF OU
LA CORROBORATION (3)
١١٤) اَلتَّوْكِيدُ (٣)

لا يَعْمَلُ هَؤُلَاءِ الْمُوَظَّفُونَ كُلُّهُمْ فِي نَفْسِ الْمُنَظَّمَةِ *ces fonctionnaires*

ne travaillent pas tous dans la même

organisation.

لَا يَدْرُسُ الطُّلَّابُ جَمِيعُهُمْ نَفْسَ اللُّغَةِ *les étudiants n'étudient*

pas tous la même langue.

يُدَرِّسُ الْمُعَلِّمَانِ كِلَاهُمَا فِى الْمَدْرَسَتَيْنِ كِلْتَيْهِمَا *les deux professeurs*

enseignent dans les deux écoles.

115. LE SUBSTITUTIF
OU LE PERMUTATIF

١١٥) اَلْبَدَلُ

اَلْبَدَلُ le **substitutif** ou le **permutatif** est اَلتَّابِعُ le *suiveur* qui est visé plutôt que son antécédent. Il consiste en trois types :

a) بَدَلُ الْكُلِّ مِنَ الْكُلِّ le *substitutif du tout pour le tout*, ex

رَأَيْتُ فَرِيداً زَمِيلَكَ *j'ai vu Farīd ton collègue.*

b) بَدَلُ الْبَعْضِ مِنَ الْكُلِّ le *substitutif d'une partie pour le tout*, ex.

قَرَأْتُ الْكِتَابَ رُبْعَهُ *j'ai lu le quart du livre* (litt. *j'ai lu le livre,*

son quart).

c) بَدَلُ الْاِشْتِمَالِ le *permutatif d'implication*, c'est-à-dire le permutatif qui indique une qualité ou une circonstance possédée par ou contenue dans le substantif précédent, ex.

يُحِبُّ السُّيَّاحُ هَذَا الْبَلَدَ طَبِيعَتَهُ الْجَمِيلَةَ *les touristes aiment la*

belle nature de ce pays.

Il est à noter que اَلْبَدَلُ le *permutatif* doit contenir un pronom affixe qui se rapporte à اَلْبَدَلُ مِنْهُ le *substitué.*

236

116. L'ATTRACTION OU LA COORDINATION

١١٦) اَلْعَطْفُ

عَطْفُ الْبَيَانِ la **connection explicative** est la connection asyndétique d'un substantif à un substantif précédent, qu'il définit de plus près, ex.

أُقَدِّمُ لَكَ الْآنِسَةَ آنِسَةَ *je vous présente Mademoiselle (la jeune fille) Alnissa.*

أَيْنَ أَخُوكَ عَلِيٌّ *où est votre frère* ع *Ali ?*

Cette apposition est équivalente à l'emploi de وَهِيَ، وَهُوَ , etc. et, étant asyndétique, elle est l'opposée de

عَطْفُ النَّسَقِ la **connection de séquence**, qui a lieu au moyen d'une particule connective, ou conjonction de coordination, telle que :

وَ *et*; فَ *alors, donc*; ثُمَّ *puis, ensuite*; أَوْ، أَمْ *ou*; لاَ *non, ne pas*; بَلْ *plutôt, mais, cependant*; لَكِنْ *mais*; حَتَّى *même.*

117. L'IMITATION OU
LA CITATION

١١٧) اَلْحِكَايَةُ

اَلْحِكَايَةُ l'**imitation** ou la **citation**, ou la répétition des mots exacts

de celui qui parle, sans rien y changer.

Une personne dit :

رَأَيْتُ فَرِيداً *j'ai vu* **Farīd**;

une autre personne, répétant le mot exact du premier, demande :

مَنْ فَرِيداً *qui est* **Farīd** ? (la personne visée par le mot "فَرِيداً"

quand vous avez dit "رَأَيْتُ فَرِيداً").

Egalement, au datif :

تَكَلَّمْتُ مَعَ فَرِيدٍ *j'ai parlé avec* **Farīd**; ؟ مَنْ فَرِيدٍ.

118. LE NOM D'UNITE

١١٨) إِسْمُ الْوَحْدَةِ

إِسْمُ الْوَحْدَةِ le **nom d'unité** est un singulatif nominal qui indique un seul individu d'une espèce entière ou une seule partie d'un tout composé de plusieurs parties homogènes. Il est formé sur le modèle du *nom d'une fois*, en ajoutant la terminaison ةٌ au nom collectif, ex.

بَقَرَةٌ *une vache*, du nom collectif بَقَرٌ *bétail*.

حَمَامَةٌ *un pigeon*, du nom collectif حَمَامٌ *pigeons*.

نَحْلَةٌ *une abeille*, du nom collectif نَحْلٌ *abeilles*.

شَجَرَةٌ *un arbre*, du nom collectif شَجَرٌ *arbres*.

بُرْتُقَالَةٌ *une orange*, du nom collectif بُرْتُقَالٌ *oranges*.

تُفَّاحَةٌ *une pomme*, du nom collectif تُفَّاحٌ *pommes*.

119 LE NOM COLLECTIF

١١٩) اِسْمُ الْجَمْعِ

اِسْمُ الْجَمْعِ le **nom collectif** exprime un ensemble de personnes, d'animaux ou de choses pris en masse. Il n'y a pas de schèmes spéciaux pour le nom collectif. Les grammairiens arabes distinguent deux sortes de noms collectifs :

a) le nom collectif sans *nom d'unité* de la même racine au singulier, ex.

جُمْهُورٌ *une multitude*;

نَاسٌ *gens*;

شَعْبٌ *peuple, nation*;

قَوْمٌ *peuple, tribu, nation*;

رَهْطٌ ou نَفَرٌ *un petit groupe d'hommes*;

جَيْشٌ *une armée*;

خَيْلٌ *chevaux*;

قَطِيعٌ *un troupeau*.

b) le nom collectif avec *nom d'unité* de la même racine au singulier,

ex.

بَقَرٌ *bétail*, du singulier بَقَرَةٌ *une vache.*

حَمَامٌ *des pigeons*, du singulier حَمَامَةٌ *un pigeon.*

نَحْلٌ *des abeilles*, du singulier نَحْلَةٌ *une abeille.*

شَجَرٌ *des arbres*, du singulier شَجَرَةٌ *un arbre.*

بُرْتُقَالٌ *des oranges*, du singulier بُرْتُقَالَةٌ *une orange.*

تُفَّاحٌ *des pommes*, du singulier تُفَّاحَةٌ *une pomme.*

120. METONYMIE

١٢٠) إِسْمُ الْكِنَايَةِ

إِسْمُ الْكِنَايَةِ le **nom de métonymie** est un mot dont la signification

est équivoque et pas claire, ex.

كَمْ *combien;*

كَذَا *tant, tant de, tel, comme cela;*

كَيْتُ وَذَيْتُ *ceci et cela, telle et telle chose, de telle et telle*

manière, tant et tant, et patati et patata;

فُلَانٌ وَفُلَانَةٌ (masc. et fém.) *X, Monsieur/Madame X, Un/Une tel(le),*

(familier) *chose, machin, truc.*

بِضْعٌ avec fém. et بِضْعَةٌ avec masc. *quelques (de 3 à 10).*

121. LE DIMINUTIF

١٢١) اَلتَّصْغِيرُ

اَلتَّصْغِيرُ le **diminutif**. On appelle *diminutif* un schème qui a une signification amoindrie ou plus adoucie que celle de son primitif dont il est dérivé. Il est dérivé

a) d'un nom trilitère. Il a le schème de فُعَيْلٌ, ex.

كُلَيْبٌ *un petit chien*, de كَلْبٌ *un chien*.

جُبَيْلٌ *une petite montagne*, de جَبَلٌ *une montagne*.

b) des formes augmentées. Il a le schème de فُعَيْعِلٌ, ex.

مُنَيْزِلٌ *une petite maison*, de مَنْزِلٌ *une maison*.

كُتَيِّبٌ (pour كُتَيْيِبٌ), *un livret, un pamphlet*, de كِتَابٌ *un livre*.

عُصَيْفِيرٌ *un petit oiseau*, de عُصْفُورٌ *un oiseau*.

243

122. LES VERBES D'IMMINENCE

١٢٢) أَفْعَالُ الْمُقَارَبَةِ

أَفْعَالُ الْمُقَارَبَةِ les **verbes d'imminence** consistent en dix-sept verbes, appelés aussi كَادَ وَأَخَوَاتُهَا *ka\da et ses analogues*. Il sont de trois sortes :

1) ceux qui indiquent قُرْبُ وَقُوعِ الْخَبَرِ *la réalisation prochaine d'une action*. Les plus usuels sont :

كَادَ (accompli), يَكَادُ (inaccompli), كِدْتُ (1ère personne du mascu-lin singulier de l'accompli);

أَوْشَكَ (accompli), يُوشِكُ (inaccompli).

Les deux verbes signifient *faillir, être sur le point de, manquer de* Ils sont exprimés par une subordonnée verbale au subjonctif avec أَنْ, ex.

لَا أَكَادُ أُصَدِّقُكَ *j'ai de la peine à vous croire; je n'arrive pas à vous croire.*

كِدتُ أَوْ أَوْشَكْتُ أَنْ أَبْكِيَ مِنَ الْفَرَحِ عِنْدَمَا سَمِعْتُ الْخَبَرَ *j'ai failli pleurer, j'ai presque pleuré de joie, quand j'ai entendu la nouvelle.*

122. LES VERBES D'IMMINENCE (2)

١٢٢) أَفْعَالُ الْمُقَارَبَةِ (٢)

كَرَبَ (même sens que كَادَ) s'emploie seulement à l'accompli, et rarement avec أَنْ et le subjonctif.

2) ceux qui indiquent رَجَاءُ وَقُوعِ الْخَبَرِ *l'imminence d'un fait qu'on espère voir se réaliser.* Ils sont les suivants :

اِخْلَوْلَقَ، حَرَى، عَسَى. Ils signifient : *il se peut que, il est possible que, qui sait si...ne :*

عَسِيتُ، عَسَى (1ère personne du singulier de l'accompli), ex.

وَعَسَى أَنْ تَكْرَهُوا شَيْئاً وَهُوَ خَيْرٌ لَكُمْ وَعَسَى أَنْ تُحِبُّوا شَيْئاً وَهُوَ شَرٌّ لَكُمْ *il se peut que vous haïssez une chose, alors qu'elle est un bien pour vous, et il se peut que vous aimez une chose, alors qu'elle est un mal pour vous* (Coran II:216). Ce verbe s'emploie uniquement à l'accompli, ayant toujours le sens de l'inaccompli avec أَنْ et le subjonctif.

حَرَى الطَّقْسُ أَنْ يَتَغَيَّرَ *il se peut que le temps change.*

اِخْلَوْلَقَ أَنْ يَصِلَ مُتَأَخِّراً *il est possible qu'il arrive en retard.*

245

3) ceux qui indiquent l'imminence d'un fait avec un commence-ment d'exécution. Ce sont des أَفْعَالُ الْمُقَارَبَة **verbes inchoatifs** :

شَرَعَ *commencer*, أَخَذَ *commencer, se préparer à*;

جَعَلَ *se mettre à*; بَدَأَ *commencer*,

ابْتَدَأَ *commencer*, انْبَرَى *entreprendre*;

عَلِقَ *commencer*, أَنْشَأَ *commencer, se disposer à*;

هَبَّ *commencer*, قَامَ *se disposer à*;

طَفِقَ *commencer à*.

Tous ces verbes signifient plus au moins la même chose : *se mettre à...*

شَرَعَ يَتَكَلَّمُ *il s'est mis à parler.*

أَخَذَ يَضْحَكُ *il/s'est mis à rire.*

وَطَفِقَا يَخْصِفَانِ عَلَيْهِمَا مِنْ وَرَقِ الْجَنَّةِ *et ils (Adam et Eve) se mirent à coudre des vêtements faits de feuilles du paradis* (Coran VII:22).

246

123. LES VERBES DE LOUANGE ET DE BLAME

١٢٣) أَفْعَالُ الْمَدْحِ والذَّمِّ

أَفْعَالُ الْمَدْحِ والذَّمِّ les **verbes de louange et de blâme** sont les suivants :

نِعْمَ et حَبَّذَا *être bon.*

بِئْسَ et سَاءَ *être mauvais.*

Ils s'emploient comme exclamations. Ils sont, en général, indéclinables, bien que le féminin نِعْمَتْ et بِئِسَتْ s'emploient, parfois.

Le nom qui suit doit être défini par l'article ou annexé, ex.

نِعْمَ الصَّدِيقُ فَرِيدُ *quel excellent homme que Farid !*

بِئْسَ رَجُلُ الْأَعْمَالِ هَذَا الرَّجُلُ *cet homme est un mauvais homme d'affaires.*

124. L'ORTHOGRAPHE DE *TĀ*

١٢٤) كِتَابَةُ التَّاءِ

1) اَلتَّاءُ الْمَفْتُوحَةُ *tā' maftūḥa*.

a) *tā'* s'écrit ت *maftūḥa*, comme un pronom affixe dans un verbe, ex.

كَتَبْتُ *j'ai écrit;* كَتَبْتَ *tu as écrit;* كَتَبْتْ *elle a écrit.*

b) elle s'écrit *maftūḥa*, dans un nom, quand elle est :

(i) précédée d'un *sukūn*, ex.

صَوْتُ *voix;* بِنْتُ *fille;* بَيْتُ *maison.*

(ii) précédée d'une lettre de prolongation, ا , و ou ي, ex.

مَبِيتُ *logement;* تُوتُ *fraises;* بَنَاتُ *filles.*

2) اَلتَّاءُ الْمَرْبُوطَةُ *tā' marbūṭa*.

a) *tā'* s'écrit ة *marbūṭa*, comme un indice du féminin singulier, lorsqu'elle n'est pas précédée d'un *sukūn*, ni d'une lettre de prolongation, ex.

وَرْدَةٌ *une rose;* مُعَلِّمَةٌ *une enseignante;* مَدِينَةٌ *une ville.*

b) elle s'écrit *marbūṭa* dans le nom qui a la même terminaison que le féminin pluriel, c'est-à-dire ات , mais qui n'est pas un féminin pluriel, ex.

قُضَاةٌ *juges;* صَلَاةٌ *prière;* فَتَاةٌ *fille.*

125. L'ORTHOGRAPHE
DE LA *HAMZA*

١٢٥) كِتَابَةُ الْهَمْزَةِ

Les règles d'**orthographe de la *hamza*** sont les suivantes :

1) Au commencent du mot,

a) elle est suscrite à une *'alif*, si elle porte une *fatḥa* ou une *ḍamma*;

b) elle est souscrite à une *'alif*, si elle porte une *kasra*, ex.

أَبٌ *père;* أُمٌّ *mère;* إِنْسَانٌ *homme.*

2) Au milieu du mot,

a) précédée d'une lettre de prolongation *'alif* :

(i) elle est écrite sur la ligne, si elle porte une *fatḥa*;

(ii) elle est écrite sur une *wāw*, si elle porte une *ḍamma;*

(iii) elle est écrite sur une *yā'* (sans point diacritiques), si elle porte une *kasra*, ex.

125. L'ORTHOGRAPHE DE LA *HAMZA* (2)

(١٢٥) كِتَابَةُ الْهَمْزَةِ (٢)

تَسَاءَلَ *se demander;* تَفَاؤُلٌ *optimisme;* دَائِماً *toujours.*

b) quand elle n'est pas précédée d'une lettre de prolongation :

(i) elle est écrite sur une *yā'*, si l'une des deux voyelles (la voyelle de la hamza et celle qui la précède) est une *kasra*, et l'autre est une *ḍamma*, une *fatḥa* ou un *sukūn* , ex.

بِئْرٌ *puits;* فِئَةٌ *groupe;* سُئِلَ *être questionné.*

(ii) elle est écrite sur une *wāw*, si l'une des deux voyelles est une *ḍamma*, et l'autre est une *fatḥa* ou un *sukūn* , ex.

سُؤَالٌ *question;* مَسْؤُولٌ *responsable.*

(iii) elle est écrite sur une *'alif,* si chacune des deux voyelles est une *fatḥa* , ou si l'une est *fatḥa* , et l'autre est un *sukūn,* ex.

سَأَلَ *demander;* مَسْأَلَةٌ *une question.*

3) A la fin du mot,

a) précédée d'une lettre de prolongation *'alif, wāw* ou *yā',* elle est écrite sur la ligne, ex.

مَاءٌ *eau*; هُدُوءٌ *calme*; بَطِيءٌ *lent*.

b) quand elle n'est pas précédée d'une lettre de prolongation :

    (i) elle est écrite sur une *'alif*, si elle est précédée d'une *fatḥa*;

    (ii) elle est écrite sur une *wāw*, si elle est précédée d'une *ḍamma*;

    (iii) elle est écrite sur une *yā'*, si elle est précédée d'une *kasra*;

نَبَأٌ *nouvelle*; تَنَبُّؤٌ *prédiction*; مُخْطِئٌ *se tromper*.

c) précédée d'un *sukūn*, elle s'écrit sur la ligne. ex.

جُزْءٌ *partie*; شَيْءٌ *chose*.

Remarque. Si la consonne précédente est une *yā'*, et la *hamza* porte un *tanwīn*, celle-ci s'écrit sur une *yā'* avec une *'alif* pour le support du *tanwīn*, ex.

شَيْئاً فَشَيْئاً *petit à petit*.

126. LES PARTICULES

١٢٦) اَلْحَرْفُ

اَلْحَرْفُ la **particule** est un mot dont le sens est incomplet, utilisé seul. Il n'y a pas beaucoup de particules en arabe. Leur nombre ne dépasse pas quatre-vingts. En plus de celles que nous avons étudié auparavant, nous traiterons, dans les chapitres suivants, uniquement les plus importantes :

حُرُوفُ الْجَرِّ *prépositions.*

حُرُوفُ الْعَطْفِ *conjonctions.*

حُرُوفُ الْاسْتِفْهَامِ *particules interrogatives.*

أَحْرُفُ الْجَوَابِ *particules d'affirmation.*

127. LES PREPOSITIONS

١٢٧) حُرُوفُ الْجَرِّ

Les **prépositions** se divisent en a) les *prépositions inséparables*, c'est-à-dire celles qui se lient toujours aux mots qui les suivent; b) les *prépositions séparées*, c'est-à-dire celles qui s'écrivent comme des mots séparés.

a) Les prépositions inséparables consistent en une seule consonne avec une voyelle. Elles sont :

بِ *avec, en, par, pour, à, de.*

تَ *par (particule de serment),* تَاللَّهِ *par Dieu !*

كَ *comme,* attachée seulement à un nom, pas à un pronom.

لِ *à, pour, en faveur de.*

وَ *par (particule de serment)* وَاللَّهِ *par Dieu !*

b) les prépositions séparées sont :

مِنْ *de, depuis.*

إِلَى *à, vers.*

عَنْ *de, loin de, sur, au sujet de, d'après.*

عَلَى *sur, dessus, au-dessus de, contre, malgré, au désavantag*

فِي *dans, en, parmi, au sujet de.de.*

مَعَ *avec.*

مُذْ *ou* مُنْذُ *depuis.*

حَتَّى *jusqu'à.*

لَدَى، لَدُنْ *auprès de, chez, en présence de, à proximité de.*

رُبَّ *que de fois, maint,* construit avec un substantif indéfini.

Toutes les prépositions précédentes prennent leurs noms au datif.

حَاشَا، عَدَا، خَلَا *sauf, excepté* (suivies d'un accusatif ou d'un datif).

128. LES PREPOSITIONS
ADVERBIALES OU
ADVERBES PREPOSITIFS

١٢٨) اَلظَّرْفُ الَّذِي يَعْمَلَ عَمَلَ الْجَارِّ

On peut ajouter à ces prépositions véritables ce que les Arabes grammairiens appellent ظَرْفٌ *adverbe* (*récipient*) à l'accusatif ou الزَّمَانِ أَوْ ظَرْفُ الْمَكَانِ *adverbe de temps ou de lieu*. On peut les appeler *prépositions adverbiales* ou *adverbes prépositifs*, puisqu'elles prennent le nom qui les suit au datif, tandis qu'elles désignent, en même temps, le temps ou le lieu. Elles sont :

إِثْرَ *à la suite de.*

إِزَاءَ *devant, vis-à-vis, en face de.*

أَمَامَ *en face de, devant.*

بَدَلَ (ou بَدَلاً مِنْ) *au lieu de, à la place de, en remplacement de.*

بَعْدَ *après.*

بَيْنَ *entre.*

256

128. LES PREPOSITIONS ADVERBIALES
OU ADVERBES PREPOSITIFS (2)

۱۲۸) اَلظَّرْفُ الَّذِي يَعْمَلُ عَمَلَ الْجَارِّ (۲)

تُجَاهَ، تِجَاهَ *en face de, en regard, vis-à-vis.*

تِلْقَاءَ *en face de, devant, du côté de.*

تَحْتَ *sous, dessous, au-dessous, en bas.*

أَثْنَاءَ *pendant, au cours de.*

فِي أَثْنَاءِ *entre-temps, dans l'intervalle.*

حِذَاءَ *devant, en face.*

حَسَبَ، بِحَسَبِ *selon, suivant.*

حَوْلَ *autour, concernant.*

خَلْفَ *derrière.*

خِلَالَ *pendant, durant, au cours de.*

فِي خِلَالِ *en attendant, entre-temps.*

مِنْ خِلَالِ *à travers, par, sur la base de.*

دُونَ *au-dessous de, inférieur à, sans.*

مِنْ دُونِ ou بِدُونِ peut-être utilisé au lieu de دُونَ avec le sens de

sans.

رَغْمَ *malgré*.

ضِدَّ *contre*.

ضِمْنَ *au sein de, parmi, dans le cadre de, à l'intérieur de*.

عَبْرَ *à travers*.

عَقِبَ *à la suite de*.

عِنْدَ *à, chez*.

عِوَضَ (عِوَضاً عَنْ ou) *au lieu de, à la place de*.

فَوْرَ *immédiatement après*.

فَوْقَ *sur, desssus, au-dessus de*.

قَبْلَ *avant*.

قُبَالَةَ *en face de, en regard, vis-à-vis de*.

مُقَابِلَ *ci-contre, moyennant, en échange de*.

128. LES PREPOSITIONS ADVERBIALES
OU ADVERBES PREPOSITIFS (4)

١٢٨) اَلظَّرْفُ الَّذِي يَعْمَلُ عَمَلَ الْجَارِّ (٤)

قُدَّامَ *devant, en face de,*

قُرْبَ *près de.*

مِثْلَ *comme, semblable à.*

نَحْوَ *à l'égard de, vis-à-vis de, envers, en direction de,*

approximativement, environ.

وَرَاءَ *derrière.*

وَسَطَ *au milieu de, au centre de.*

129. LES NOMS D'ANNEXION

١٢٩) أَسْمَاءُ الْإِضَافَةِ

Les mots suivants sont des noms déclinables que l'on désigne d'habitude comme des adjectifs, des prépositions, ou des mots composés. Ils sont exprimés en arabe comme des substantifs et prennent les substantifs principaux, auxquels ils s'attachent, au génitif :

أَحَدُ *un, un de, et* إِحْدَى *une, une de.* أَوَّلُ *premier* (suivi par un nom au masculin ou au féminin au datif).

أَيُّ، أَيَّةُ *lequel, laquelle, quel, quelle.*

بَعْضُ *une partie de, un peu de, quelque, certains, quelques.*

بِضْعُ *avec fém. et* بِضْعَةُ *avec masc. certain(e)s, quelques* (de 3 à 10).

مُجَرَّدُ *pur, simple, rien que.*

جَمِيعُ *totalité, tous, tout, l'ensemble de.*

حَوَالَيْ *approximativement, vers, aux alentours de, aux environs de, autour de.*

129. LES NOMS D'ANNEXION (2)

(١٢٩) أَسْمَاءُ الإِضَافَةِ (٢)

مُخْتَلِفٌ *divers, différent.*

سَائِرُ *le reste.*

سِوَى *excepté, sauf, autre que.*

شِبْهُ *similaire, presque, quasi-, semi-.*

شَتَّى *divers, différent, toutes sortes de.*

عِدَّةُ *nombreux, maint, plusieurs.*

مُعْظَمُ *la plupart de, la majeure partie.*

عَامَّةُ *totalité, tous, toutes, l'ensemble de.*

عَيْنُ *oeil, soi-même, même.*

غَيْرُ *autre, sauf, le contraire de.*

كَافَّةُ *l'ensemble de, la totalité de.*

كُلُّ *totalité, tous, toutes.*

كِلَا، كِلْتَا *les deux.*

نَحْوُ *vis-à-vis de, envers, presque, environ, approximativement,*
à peu près, près de.

نَفْسٌ *âme, soi-même, même.*

Des adjectifs ou des participes peuvent être suivis d'un génitif re-
strictif ou limitatif, comme

كَبِيرُ السِّنِّ *vieux, âgé.*

كِبَارُ الْمُوَظَّفِينَ *hauts fonctionnaires.*

صَغِيرُ السِّنِّ *jeune.*

كِبَارُ الْمُوَظَّفِينَ

كَثِيرُ الْأَكْلِ *qui mange beaucoup.*

سَرِيعُ الْفَهْمِ *qui comprend rapidement.*

جَمِيلُ اللَّوْنِ *quelque chose ayant une jolie couleur.*

130. LES CONJONCTIONS

١٣٠) حُرُوفُ الْعَطْفِ

Il serait incorrect de commencer une phrase en français avec *et*. En arabe, cependant, c'est l'usage de commencer les phrases avec وَ et فَ, sauf la toute première. L'arabe écrit, qui n'a adopté que récemment les signes de ponctuation européens, avait particulièrement besoin de particules, telles que et وَ et فَ *puis, alors,* et fréquemment ثُمَّ *ensuite* pour lier ou séparer les phrases.

Les conjonctions, comme les prépositions, peuvent être soit *inséparables*, c'est-à-dire liées aux mots qu'elles introduisent, soit *séparées*.

Les conjonctions *inséparables* sont les suivantes :

وَ *et.*

فَ *alors, ensuite, puis, afin que,* etc.

لِ particule du subjonctif, *afin de, pour que.*

لِ particule du jussif, *lām de commandement.*

Les conjonctions *séparées* les plus importantes sont les suivantes :

130. LES CONJONCTIONS (2

١٣٠) حُرُوفُ الْعَطْفِ (٢)

إِذْ *voici que tout à coup, car, comme, puisque, étant donné que*

(composé إِذْ مَا *quand, lorsque*).

إِذَا *si, lorsque (composé* إِذَا مَا *quand, lorsque).*

إِذَنْ *particule du subjonctif, alors, donc.*

إِنْ *particule du jussif er du conditionnel, si.*

إِلَّا *excepté.*

وَإِلَّا *sinon.*

إِلَّا إِذَا *à moins que, sauf si.*

إِلَّا أَنَّ *sauf que, cependant.*

أَمْ *ou*

أَمَّا *suivie de* فَ *quant à.*

إِمَّا وَإِمَّا *ou bien...ou bien.*

أَنْ *particule de subjonctif, que, afin de, pour que.*

أَنَّ *que (suivie toujours d'un nom à l'accusatif ou d'un pronom*

affixe).

130. LES CONJONCTIONS (3)

١٣٠) حُرُوفُ العَطفِ (٣)

إِنَّمَا *mais, ne ... que, seulement, cependant.*

أَوْ *ou.*

بَلْ *mais, au contraire, plutôt.*

بِمَا أَنَّ *puisque, étant donné que.*

بَيْنَمَا *alors que, tandis que, pendant que.*

فِيمَا *alors que, tandis que, pendant que*

ثُمَّ *puis, ensuite.*

حَتَّى *jusqu'à, afin de, pour que.*

رَغْمَ أَنَّ *malgré.*

رَيْثَمَا *en attendant que, jusqu'à ce que.*

عِنْدَمَا *lorsque, quand.*

غَيْرَ أَنَّ *cependant, néanmoins.*

كَيْ *particule du subjonctif, pour, afin de.* لِكَيْ *composé, afin de,*
pour que, كَيْلَا ، لِكَيْلَا *afin de ne pas.*

لَكِنْ et لَكِنَّ *mais,* la première est suivie d'un verbe; la deuxième

265

130. LES CONJONCTIONS (4)

est suivie seulement d'un nom à l'accusatif, ou d'un pronom affixe.

لَمَّا *lorsque, quand, puisque.*

وَلَوْ *même si.*

مَعَ أَنَّ *malgré, bien que, cependant.*

مَعَ ذَلِكَ *malgré cela.*

131. LES PARTICULES D'AFFIRMATION

١٣١) حُرُوفُ الْجَوَابِ

حُرُوفُ الْجَوَابِ les **particules d'affirmation** sont les suivantes :

نَعَمْ *oui, certes.*

أَجَلْ *oui, certes,* surtout pour confirmer un fait du passé.

بَلَى *oui, certes,* en réponse à une négation : *mais si !*

إِيْ *oui.*

جَيْرَ *oui, certes.*

إِذَنْ *alors, bon.*

132. LES PARTICULES
DE NEGATION

١٣٢) حُرُوفُ النَّفْيِ

حُرُوفُ النَّفْيِ les **particules de négation** sont :

لاَ *non, ne pas* (négative ou prohibitive, c'est-à-dire impératif

négatif).

لاَ – وَلاَ *ni...ni.*

لَيْسَ غَيْرُ et لاَ غَيْرُ *rien d'autre, rien de plus.*

كَلاَّ *nullement, pas du tout.*

مَا négation avec l'accompli ou l'inaccompli indicatif.

مَا – إلاَّ *ne ... que.*

لاَ – إلاَّ *ne ... que.*

لَمْ particule du jussif, négation avec l'accompli avec sens de

l'accompli.

لَمَّا particule du jussif, *pas encore.*

لَنْ particule du subjonctif, futur négatif.

قَطُّ avec une particule de négation, *jamais*, au passé.

فَقَطْ *rien d'autre, seulement.*

133. LES PARTICULES INTERROGATIVES

١٣٣) حُرُوفُ الْاِسْتِفْهَامِ

حُرُوفُ الْاِسْتِفْهَامِ les **particules interrogatives** sont :

أَ (Latin *num, utrum*) *est-ce que ne pas,* s'emploie, généralement, dans une phrase interrogative négative.

أَيُّ *quel, quelle, lequel, laquelle* (c'est la seule particule interrogative qui se décline; le nom qui suit se met au génitif).

أَيْنَ *où ?*

مَا *qu'est-ce que ?,* ex. مَا هَذَا الْكِتَابُ؟ *qu'est-ce que ce livre?*

مَاذَا *qu'est-ce que ?,* ex. مَاذَا تَفْعَلُ؟ *qu'est-ce que vous faites?*

لِمَاذَا *pourquoi ?*

لِمَ لَا ou لَمَ لَا *pourquoi pas ?*

مَتَى *quand ?*

مَنْ *qui ?*

كَيْفَ *comment ?*

كَمْ *combien ?* (suivi d'un nom au singulier accusatif).

هَلْ (Latin *num, utrum*) *est-ce que ?*

133. LES PARTICULES INTERROGATIVES (2)

١٣٣) حُرُوفُ الاِسْتِفْهَام (٢)

On peut également construire davantage de particules interrogatives composées avec des prépositions, ex.

مِمَّنْ	إِلَى مَنْ	عَمَّنْ
عَلَى مَنْ	فِي مَنْ	بِمَنْ
مَعَ مَنْ	لِمَنْ	مِمَّاذَ
عَمَّاذَا	عَلَى مَاذَا	فِي مَاذَا
بِمَاذَا	مَعَ مَاذَا	مِنْ أَيٍّ
إِلَى أَيٍّ	عَنْ أَيٍّ	عَلَى أَيٍّ
فِي أَيٍّ	بِأَيٍّ	مَعَ أَيٍّ
لِأَيٍّ	مِنْ أَيْنَ	إِلَى أَيْنَ
حَتَّى مَتَى	إِلَى مَتَى	مُنْذُ مَتَى
بِكَمْ		

134. LES VERBES UNIPERSONNELS

١٣٤) اَلْأَفْعَالُ أُحَادِيَةُ الشَّخْصِ

اَلْأَفْعَالُ أُحَادِيَةُ الشَّخْصِ les **verbes unipersonnels** sont ceux qui

s'emploient uniquement à la troisième personne du masculin singulier.

Ils expriment une convenance, une obligation, une nécessité, une possi-

bilité; ils ont pour sujet soit un nom ou un *mas>dar,* soit une proposition

verbale au subjonctif avec أَنْ , ex.

يُمْكِنُ تَعَلُّمُ هَذِه اللُّغَةِ *il est possible d'apprendre cette langue* (litt.

l'apprentissage de cette langue est possible).

يُمْكِنُنِي أَنْ أَتَعَلَّمَ هَذِه اللُّغَةَ ou *je peux apprendre cette*

langue (litt. *il est possible pour moi d'apprendre cette langue*).

Les verbes unipersonnels peuvent s'employer :

a) d'une manière impersonnelle, comme dans le premier exemple,

et avoir comme sujet un nom ou un ***maṣdar,*** sans aucune alternative, ou

271

b) d'une manière personnelle, et avoir soit (i) une proposition verbale au subjonctif avec أَنْ, comme dans le second exemple, soit (ii) un sujet - un nom ou un *masdar,* ou être suivis d'une des préposition ل ou عَلَى affixé à un nom ou à un pronom pour indiquer la personne, ex.

يُمْكِنُنِي تَعَلُّمُ هَذِهِ اللُّغَةَ *je peux apprendre cette langue* (litt. l'apprentissage de cette langue m'est possible).

يَحِقُّ لِلْمُوَاطِنِ التَّعْبِيرُ عَنْ نَفْسِهِ *le citoyen a le droit de s'exprimer.*

يَجِبُ عَلَيْنَا الْقِيَامُ بِوَاجِبِنَا *nous devons faire notre devoir.*

On peut diviser les verbes unipersonnels en quatre classes :

1) Des verbes qui sont strictement unipersonnels, comme :

يَنْبَغِي، انْبَغَى *convenir, falloir.*

يَنْبَغِي لِي أَنْ *il convient de.*

يَنْبَغِي عَلَيَّ أَنْ *je dois, il faut (que je).*

272

134. LES VERBES UNIPERSONNELS (3)

١٣٤) الأَفْعَالُ أَحَادِيَةُ الشَّخْصِ (٣)

حَقَّ *avoir le droit de, être en droit de.*

حَصَلَ *arriver, se produire.*

حَدَثَ *arriver, se produire.*

جَازَ avec le sens de *être permis.*

أَمْكَنَ *être possible, faisable, être en mesure de* (à ne pas confondre avec le verbe مَكَّنَ *renforcer, consolider*, et تَمَكَّنَ *pouvoir, dominer, maîtriser*).

وَجَبَ *devoir, falloir, être nécessaire.*

2) Des verbes qui ne sont pas unipersonnels, mais qui peuvent être utilisés comme tels :

سُرَّ *rendre heureux, contenter, égayer,* comme

أَنْ يَسُرَّنِي *j'ai le plaisir de...*

أَسْعَدَ *rendre heureux,* comme

أَنْ يُسْعِدُنِي *je suis heureux de...*

شَرَّفَ *honorer,* comme

أَنْ يُشَرِّفُنِي *je suis honoré(e) de...*

273

134. LES VERBES UNIPERSONNELS (4)

١٣٤) الأَفْعَالُ أَحَادِيَةُ الشَّخْصِ (٤)

سَبَقَ *précéder,* comme

سَبَقَ لَهُ أَنْ فَعَلَهُ *il l'avait déjà fait auparavant.* Ce verbe s'emploie uniquement au passé, ainsi que le verbe qui le suit.

لَبِثَ *rester, séjourner,* comme

مَا لَبِثَ، لَمْ يَلْبَثْ أَنْ *il n'a pas tardé à...* Ce verbe s'emploie uniquement au négatif.

3) Prépositions avec des pronoms affixes ayant le sens de verbes unipersonnels :

عَلَى *sur, dessus, au-dessus,* comme

عَلَيْهِ أَنْ *il doit, il lui appartient de, il faut qu'il...*

لِ *à, pour,* comme

لَهُ أَنْ *il a le droit de...*

لَيْسَ لِي أَنْ *je n'ai pas le droit de...*

لِي عَلَيْهِ مَالٌ *il me doit de l'argent.*

عَلَيَّ لَهُ مَالٌ *je lui dois de l'argent.*

274

134. LES VERBES UNIPERSONNELS (5)

١٣٤) الأَفْعَالُ أَحَادِيَةُ الشَّخْصِ (٥)

مَا لَهُ وَمَا عَلَيْهِ *son droit et son devoir, son crédit et son débit.*

4) Des noms, des noms verbaux avec des prépositions, des pronoms affixes ayant le sens des verbes unipersonnels.

بُدٌّ *échappatoire,* comme

لَا بُدَّ مِنْ *ne pouvoir échapper à, il est indispensable de, on doit, on ne peut éviter de, il faut.*

لَا بُدَّ لَهُ مِنْهُ *il n'y a pas moyen d'y échapper, cela s'impose.*

وُدٌّ *affection, amour, attachement,* comme

بِوُدِّي أَنْ *je voudrais bien.*

وُسْعٌ *capacité, effort, possibilité, pouvoir,* comme

فِي وُسْعِهِ أَنْ *il a la capacité de, il peut, il a la possibilité de.*

فِي وُسْعِي أَنْ أَقُولَ *je peux dire.*

لَيْسَ فِي وُسْعِي إِلَّا أَنْ *je n'ai pas une autre possibilité que, je ne peux que.*

135. L'USAGE DE *AHADUN* ET *IHDĀ*

١٣٥) حُكْمُ أَحَدٌ وَإِحْدَى

أَحَدٌ وَإِحْدَى **un, un de; une, une de, quelqu'un.**

1) أَحَدٌ s'emploie comnme وَاحِدٌ, mais le dernier s'emploie plus comme un adjectif, ex.

رَجُلٌ وَاحِدٌ *un seul homme.*

Le premier s'emploie comme un substantif. Il doit prendre le nom qu'il représente au pluriel génitif défini, ex.

أَحَدُ الطُّلَّابِ *un des étudiants.*

أَحَدُهُمْ *l'un d'eux.*

أَحَدٌ peut s'employer soit positivement, dans le sens de *quelqu'un*, soit négativement, dans le sens de *personne*, ex.

هَلْ يَسْكُنُ أَحَدٌ فِي هَذَا الْمَنْزِلِ ؟ *quelqu'un habite-t-il dans cette maison ?*

أُرِيدُ أَنْ أَتَكَلَّمَ مَعَ أَحَدٍ *je veux parler avec quelqu'un.*

276

لَا أَحَدَ فِي الْمَنْزِل *il n'y a personne à la maison.*

لَا أَعْرِفُ أَحَداً فِي هَذِهِ الْمَدِينَة *je ne connais personne dans*

cette ville.

2) إِحْدَى *s'emploie comme* وَاحِدَةٌ *et est traité de la même manière*

que أَحَدٌ, *sauf qu'il ne se décline pas, et reste le même à tous les cas,*

ex.

تَتَكَلَّمُ إِحْدَى الطَّالِبَات *une des étudiantes parle.*

أَعْرِفُ إِحْدَى الطَّالِبَاتِ *je connais une des étudiantes.*

أَتَكَلَّمُ مَعَ إِحْدَى الطَّالِبَاتِ *je parle avec une des étudiantes.*

136. L'USAGE DE
BAₑDUN, BIDₑUN ET *BIDₑATUN*

١٣٦) حُكْمُ بَعْضُ وَبِضْعُ وَبِضْعَةُ

1) بَعْضٌ , avec un nom singulier, *une partie de, un peu de, quelque*, avec un nom pluriel, *certain(e)s, quelques.* Il s'emploie, généralement, au pluriel, ex.

بَعْضُ الطُّلَّابِ *certains ou quelques étudiants.*

Il peut être utilisé aussi au singulier, ex.

إِنَّ بَعْضَ الشَّرِّ أَهْوَنُ مِنْ بَعْضٍ *des deux maux choisir le moindre.*

بَعْضٌ peut être reflexif, avec également le même sens de *l'un(e) l'autre, les un(e)s les autres*, où il est indiqué deux fois pour jouer, en même temps, le rôle du sujet et de l'objet direct ou indirect. Le premier بَعْضٌ doit toujours être suivi d'un pronom affixe, ex.

يُحبُّ الطُّلَّابُ بَعْضُهُمْ بَعْضاً *les étudiants s'aiment.*

يَتَكَلَّمُ بَعْضُهُمْ مَعَ بَعْضٍ *ils parlent les uns aux autres.*

278

136. L'USAGE DE *BAₑḌU, BIDₑU* ET *BIDₑATU* (2)

١٣٦) حُكْمُ بَعْضُ وَبِضْعُ وَبِضْعَةَ (٢)

Le verbe que بَعْضُ régit doit être au masculin singulier, s'il le précède immédiatement, quel que soit le nom qu'il représente, ex.

يُحبُّ بَعْضُهُنَّ بَعْضاً

elles s'aiment.

بِضْعَةُ , بَعْضُ (2)

quelques, certain(e)s s'emploient comme les nombres cardinaux, de 3 à 10, qu'ils représentent. En général, le genre est inversé par rapport au nom auquel ils se rapportent. Cependant, la forme masculine بِضْعُ peut s'employer pour les deux genres, quand elle n'est pas accompagnée par un autre nombre et quand il signifie de 3 à 10, comme

بِضْعُ رِجَالٍ

quelques hommes;

بِضْعُ نِسَاءٍ

quelques femmes.

Mais

بِضْعَةَ عَشَرَ رَجُلاً

quelques dix hommes, une dizaine d'hommes;

بِضْعُ عَشْرَةَ إمْرَأَةً

quelques dix femmes, une dizaine de femmes.

279

137. L'USAGE DE
KATĪRUN ET *QALĪLUN*

١٣٧) حُكْمُ كَثِيرٌ وَقَلِيلٌ

كَثِيرٌ وَقَلِيلٌ *katirun* et *qalilun* s'emploient :

1) invariablement, comme adverbes, ex.

يَعْمَلُ كَثِيراً وَيَتَكَلَّمُ قَلِيلاً *il travaille beaucoup et parle peu.*

2) comme *noms* suivis du substantif principal qui doit être au pluriel, défini, et mis au datif. Ils se lient avec lui au moyen de la préposition مِنْ.

En ce qui concerne le genre, ils sont invariables. Cependant, ils se déclinent; ils prennent le même cas que s'ils étaient le substantif principal qui suit au datif, ex.

Nom.   كَثِيرٌ/قَلِيلٌ مِنَ الطُّلَّاب/الطَّالبَاتِ

Acc.   كَثِيراً/قَلِيلاً مِنَ الطُّلَّاب/الطَّالبَاتِ

Dat.   كَثِيرٍ/قَلِيلٍ مِنَ الطُّلَّاب/الطَّالبَاتِ

beaucoup/moins d'étudiant(e)s.

280

كَثِيرٌ وَقَلِيلٌ peuvent être également suivis d'un nom au singulier,

ex.

لِي كَثِيرٌ أَوْ قَلِيلٌ مِنَ الْعَمَل *j'ai beaucoup ou peu de travail.*

أَشْرَبُ كَثِيراً أَوْ قَلِيلاً مِنَ الْمَاءِ *je bois beaucoup ou peu d'eau.*

3) comme *adjectifs*. Ils suivent le substantif principal et s'accordent avec lui en genre, nombre et cas, exactement comme n'importe quel autre adjectif, ex.

Nom.   مُعَلِّمُونَ كَثِيرُونَ/ مُعَلِّمَاتٌ كَثِيرَاتٌ

Acc. et Dat.   مُعَلِّمِينَ كَثِيرِينَ مُعَلِّمَاتٍ كَثِيرَاتٍ

beaucoup/moins enseignant(e)s.

138. L'USAGE DE *KULLUN*

١٣٨) حُكْمُ كُلٌّ

1) Si le substantif principal est défini, et signifie quelque chose d'unique et indivisible, كُلٌّ a le sens de *entier, entière*, ex.

كُلُّ الْبِلَاد *le pays entier.*

2) Si le substantif principal est défini, et un pluriel ou un collectif, كُلٌّ signifie *tous, toutes*, ex.

كُلُّ الطُّلَّاب *tous les étudiants.*

كُلُّ النَّاس *tout le monde* (litt. *tous les gens*).

3) Si le substantif principal est indéfini, كُلٌّ signifie *chaque*, ex.

كُلُّ طَالِبُ *chaque étudiant.*

كُلٌّ peut précéder ou suivre un substantif défini.

a) Quand il le précède, il prend le même cas que le substantif aurait pris si كُلٌّ n'avait pas été mentionné, et le substantif principal se met au génitif, ex.

يَدْرُسُ كلُّ الطُّلَّابِ *tous les étudiants.*

يَعْرِفُ كلَّ الطُّلَّابِ *il connaît tous les étudiants.*

يَتَكَلَّمُ مَعَ كلِّ الطُّلَّابِ *il parle avec tous les étudiants.*

b) Quand le substantif principal précède, كُلٌّ se place après lui, et s'accorde avec lui en cas. Cependant, il doit être annexé à un suffixe pronominal qui se rapporte au substantif, ex.

يَدْرُسُ الطُّلَّابُ كُلُّهُمْ *tous les étudiants étudient (eux tous).*

يَعْرِفُ الطُّلَّابَ كُلَّهُمْ *il connaît tous les étudiants (eux tous).*

يَتَكَلَّمُ مَعَ الطُّلَّابِ كُلِّهِمْ *il parle avec tous les étudiants (eux tous)*

(Chapitre 114).

139. L'USAGE DE
KILĀ ET KILTĀ

١٣٩) حُكْمُ كِلَا وكِلْتَا

كِلَا masculin, كِلْتَا féminin, *les deux, un paire.* Ils s'emploient toujours annexés à un duel, un pronom, ou un nom défini au génitif.

a) Quand ils sont annexés à un nom, ils restent indéclinables, ex.

Nom. يَدْرُسُ كِلَا الطَّالِبَيْنِ *les deux étudiants étudient.*

Acc. أَعْرِفُ كِلَا الطَّالِبَيْنِ *je connais les deux étudiants.*

Gén. أَتَكَلَّمُ مَعَ كِلَا الطَّالِبَيْنِ *je parle avec les deux étudiants.*

b) Quand ils sont annexés à un pronom, ils se déclinent comme un
duel, ex.

Nom. يَتَكَلَّمُ الطَّالِبَانِ كِلَاهُمَا *les deux étudiants parlent.*

Acc. أَعْرِفُ الطَّالِبَيْنِ كِلَيْهِمَا *je connais les deux étudiants.*

Gén. أَتَكَلَّمُ مَعَ الطَّالِبَيْنِ كِلَيْهِمَا *je parle avec les deux*

étudiants (Chapitre 114).

140. L'USAGE DE *NAFSUN*

١٤٠) حُكْمُ نَفْسٌ

نَفْسٌ **le même**, peut précéder ou suivre le nom. Ici on traite le mot seulement quand il précède un nom. (Chapitre 114).

En ce qui concerne le genre, il est invariable, lorsqu'il est annexé à un nom. Cependant, il se décline et prend le même cas que le substantif auquel il se rapporte aurait pris, si نَفْسٌ n'avait pas été mentionné. Le substantif principal peut être au singulier ou au pluriel, mais est toujours défini, et se met au génitif, ex.

Nom.   نَفْسُ الطَّالِبِ/الطُّلَّابِ/الطَّالِبَةِ/الطَّالِبَاتِ

Acc.   نَفْسَ الطَّالِبِ/الطُّلَّابِ/الطَّالِبَةِ/الطَّالِبَاتِ

Gén.   نَفْسِ الطَّالِبِ/الطُّلَّابِ/الطَّالِبَةِ/الطَّالِبَاتِ

     le(s) même(s) étudiant(s)

     la (les) même(s) étudiante(s)

141. L'USAGE DE *'AN* ET *'ANNA*

١٤١) حُكْمُ أَنْ وَأَنَّ

أَنْ *que, pour que, afin de*, أَنَّ. Quand ces deux particules sont vocalisées, elles sont légèrement différentes. Quand elles ne sont pas vocalisées, elles se ressemblent entièrement. Chacune d'elle doit être précédée d'un certain type de verbe, et chacune d'elle doit être suivie de quelque chose de différent.

1) أَنْ doit être suivie d'un verbe au subjonctif de l'inaccompli, parfois de l'accompli, ex.

أَنْوِي أَنْ أُسَافِرَ إِلَى بَلَدٍ عَرَبِيٍّ

j'ai l'intention de voyager dans un pays arabe.

سَبَقَ أَنْ سَافَرْتُ إِلَى بَلَدٍ عَرَبِيٍّ

j'avais déjà voyagé dans un pays arabe.

2) أَنَّ doit être suivie d'un nom à l'accusatif, ou d'un pronom personnel affixe, ex.

أَظُنُّ أَنَّ الطَّالِبَ مَسْرُورٌ الْيَوْمَ

je pense que l'étudiant est content aujourd'hui.

286

أَظُنُّ أَنَّهُ فَهِمَ الدَّرْسَ جَيِّداً *je pense qu'il a bien compris la leçon.*

Mais une question fort importante est celle de savoir dans quel cas

l'arabe emploie أَنْ, *forme allégée*, c'est-à-dire avec **sukuln**, ou أَنَّ,

forme appuyée, c'est-à-dire avec **šadda** ?

أَنْ se place après des verbes qui expriment un penchant ou un

aversion, un ordre ou une prohibition, un devoir, un effort, une nécessité,

une permission, ex.

أُرِيدُ أَنْ يَكُونَ السَّفَرُ مُمْتِعاً *je veux que le voyage soit plaisant.*

Prenons une phrase en français : *je veux écrire*. Nous constatons

qu'il y a dans cette phrase deux verbes qui se suivent, sans aucune in-

terposition. Or, l'équivalent d'une telle proposition en arabe exigerait l'in-

terposition de أَنْ , suivie non pas d'un infinitif, mais du subjonctif, ex

أُرِيدُ أَنْ أَكْتُبَ *je veux écrire;*

287

bien que la même proposition puisse être exprimée, exactemen comment en français, avec l'infinitif, sans l'interposition de أَنْ , sauf que l'infinitif, ou le nom verbal, s'emploie, comme de coutume, comme un nom à l'accusatif avec un article. Ce qui est, tout simplement, une autre manière de formuler la proposition, ex.

أُرِيدُ الْكِتَابَةَ *je veux écrire* (litt. *je veux l'écriture*).

(Chapitre 57).

أَنْ se place après des verbes qui expriment simplement une constatation, ex.

أَظُنُّ أَنَّ السَّفَرَ مُمْتِعٌ *je pense que le voyage est plaisant.*

Comme les règles ne sont jamais absolues, l'étudiant doit se baser sur la pratique et l'usage, Afin de l'aider et le guider dans ses études, nous donnerons deux listes séparées : l'une avec des verbes employés avec أَنْ, l'autre avec des verbes employés avec أَنَّ .

142. VERBES UTILISES AVEC 'AN

١٤٢) أَفْعَالٌ تُسْتَعْمَلُ مَعَ أَنْ

أَمَلَ   *espérer.*

جَرُؤَ   *oser.*

جَازَ   *être permis.*

أَحَبَّ   *aimer.*

حَقَّ   *avoir le droit de.*

حَاوَلَ   *essayer.*

خَشِيَ   *craindre.*

خَافَ   *avoir peur.*

رَجَا   *espérer.*

رَفَضَ   *refuser.*

أَرَادَ   *vouloir.*

سُرَّ   *avoir le plaisir de.*

أَسْعَدَ   *être heureux de.*

سَمَحَ   *permettre.*

صَحَّ   *être vrai.*

142. VERBES UTILISES AVEC 'AN (2)

١٤٢) أَفْعَالٌ تُسْتَعْمَلُ مَعَ أَنْ (٢)

طَلَبَ *demander.*

اسْتَطَاعَ *pouvoir.*

فَضَّلَ *préférer.*

قَرَّرَ *décider.*

اقْتَرَحَ *suggérer, proposer.*

أَمْكَنَ *être possible.*

تَمَنَّى *souhaiter.*

نَسِيَ *oublier.*

نَصَحَ *conseiller.*

نَوَى *avoir l'intention.*

وَجَبَ *devoir, falloir.*

وَدَّ *aimer* (conditionnel).

143. VERBES UTILISES AVEC 'ANNA

١٤٣) أَفْعَالُ تُسْتَعْمَلُ مَعَ أَنَّ

أَكَّدَ *assurer, confirmer, affirmer.*

بَدَا *paraître, sembler, donner l'air*

أَثْبَتَ *prouver, confirmer.*

حَسَبَ *estimer, croire, considérer*

أَخْبَرَ *informer.*

أَدْرَكَ *réaliser, atteindre, percevoir.*

اِدَّعَى *alléguer, clamer, prétendre.*

ذَكَرَ *se rappeler, mentionner.*

رَأَى *voir.*

زَعَمَ *clamer, prétendre.*

سَمِعَ *entendre.*

صَرَّحَ *déclarer, prononcer, proclamer.*

تَصَوَّرَ *imaginer.*

ظَنَّ *penser, croire que.*

عَرَفَ *savoir, connaître.*

291

143. VERBES UTILISES AVEC *'ANNA* (2)

١٤٣) أَفْعَالٌ تُسْتَعْمَلُ مَعَ أَنَّ (٢)

عَلِمَ *savoir, connaître.*

أَعْلَمَ *faire savoir, informer, faire connaître.*

فَهِمَ *comprendre.*

(1) قَالَ *dire.*

اكْتَشَفَ *découvrir.*

هَبْ (imp.) *supposons.*

وَثِقَ *faire confiance.*

(1) Il est à noter que le verbe قَالَ, *dire,* est suivi de إِنَّ lorsqu'on rapporte textuellement les paroles de quelqu'un, c'est-à-dire dans le discours direct (حِكَايَةٌ). Mais, lorsque les paroles qui suivent expliquent ce qui est dit, أَنَّ est employée.

292

144. MOTS A SENS MULTIPLES

١٤٤) اَلْكَلِمَات مُتَعَدِّدَةُ الْمَعَانِي

En arabe, comme, plus ou moins, dans n'importe quelle autre langue, il existe des mots, verbes et noms, qui ont des sens multiples. Voici quelques exemples :

a) **Verbes**

أَتَى venir, arriver;

عَلَى finir, achever complètement;

بِ apporter.

أَدَّى mener, conduire;

résulter en;

exécuter, accomplir;

وَاجِبَهُ s'acquitter de son devoir;

مَأْمُورِيَّةً accomplir une tâche;

يَمِيناً prêter serment;

امْتِحَاناً se présenter à un examen;

الشَّهَادَةَ porter témoignage;

خِدْمَةً rendre un service;

اَلسَّلَامَ saluer.

144. MOTS A SENS MULTIPLES (2)

١٤٤) اَلْكَلِمَات مُتَعَدِّدَةُ الْمَعَاني (٢)

بَحَثَ عَنْ   *chercher, rechercher;*

في   *examiner, étudier, discuter* (une question,
un sujet).

حَصَلَ   *se produire, arriver;*

عَلَى   *obtenir.*

دَرَسَ   *effacer* (les traces);

battre (le blé);

étudier, apprendre.

دَفَعَ   *pousser, repousser;*

forcer, obliger, inciter;

ثَمَناً   *payer un prix;*

خُطَاهُ إِلَى   *diriger ses pas vers.*

رَغِبَ في   *désirer, souhaiter;*

عَنْ، عَلَى   *ne pas aimer, etc.*

سَلَّمَ   *conserver, préserver, protéger;*

إِلَى   *délivrer, livrer, remettre;*

ب   *accepter, admettre, concéder;*

294

144. MOTS A SENS MULTIPLES (3)

عَلَى *saluer qqn;*

أَمْرَهُ إِلَى اللَّه *se soumettre à la volonté de Dieu;*

رُوحَهُ *rendre l'âme;*

نَفْسَهُ الْأَخِيرَ *rendre le dernier soupir;*

نَفْسَهُ لِلْبُولِيسِ *se rendre, se constituer*

prisonnier;

سَلِّمْ لِي عَلَيْه *dire bonjour à qqn., transmette*

les salutations;

صَلَّى اللَّهُ عَلَيْه وَسَلَّمَ *Que Dieu le bénisse et le*

salue (après le nom du prophète Mo-

hammed).

أَشْرَفَ (الْعَمَل) عَلَى *superviser* (un travail);

(الْمَكَان) عَلَى *donner sur* (un lieu);

(الْمَوْتَ) عَلَى *être à l'article de la mort, frôler la*

mort.

ضَرَبَ *battre, frapper, taper;*

عَلَى *jouer* (d'instruments de musique);

295

144. MOTS A SENS MULTIPLES (4)

١٤٤) اَلْكَلِمَات مُتَعَدِّدَةُ الْمَعَاني (٤)

taper (à la machine);

عَنْ se détourner, s'éloigner de;

لَهُ أَجَلاً accorder, donner, fixer un délai;

الْأَرُزَّ monder, décortiquer le riz;

في الْأَرْضِ voyager dans le monde

الْبَابَ frapper, cogner à la porte;

الْجَرَسَ sonner la cloche;

حَقْناً faire, administrer une piqûre;

خَيْمَةً tendre, dresser une tente;

الرَّقْمَ الْقِيَاسِيَ battre le record;

اَلسَّلاَمَ donner un salut militaire;

ضَرِيبَةً imposer, taxer;

عَدَداً في أَخَرَ multiplier un nombre par un autre;

مَثَلاً donner un exemple;

نُقُوداً frapper de la monnaie;

مَوْعِداً fixer un rendez-vous.

عَقَدَ attacher, faire un noeud, nouer;

144. MOTS A SENS MULTIPLES (5)

٤٤١) اَلْكَلِمَات مُتَعَدِّدَةُ الْمَعَانِي (٥)

joindre, plier;

se réunir, siéger;

tenir (une réunion, une séance)*;*

convoquer;

contracter (un emprunt, etc.)*;*

conclure, passer, signer (un accord, une af-

faire)*;*

أَمَلاً عَلَى *fonder ses espoirs sur;*

مُحَادَثَةً *nouer une conversation;*

عُقِدَتْ خِطْبَتُهَا عَلَى *se fiancer;*

زَوَاجاً *se marier;*

الْعَزْمَ عَلَى *former le dessein, le projet de, avoir*

le ferme propos de, se promettre de;

فَصْلاً *composer un article;*

لِسَانَهُ *interdire, interloquer, confondre qqn;*

النِّيَّةَ عَلَى *avoir la ferme intention;*

عَلَى إمْرَأَةٍ *épouser, se marier.*

297

أَعَادَ السُّؤَالَ *répéter la question;*

الرِّسَالَةَ *rendre, renvoyer la lettre;*

التَّنْظِيمَ *réorganiser.*

قَضَى *juger, rendre un jugement;*

régler, finir, terminer;

anéantir, annihiler, exterminer, détruire;

نَحْبَهُ ou أَجَلَهُ *perdre la vie, mourir, décéder;*

وَطْرَهُ *atteindre son but;*

الْوَقْتَ *passer le temps;*

حَاجَاتٍ *faire les commissions, satisfaire un besoin.*

قَطَعَ *couper, briser, casser, etc.;*

traverser (une rivière, etc.);

parcourir, couvrir (une distance);

عَنْ *interdire;*

بِأَنْ *prouver que;*

قَطَعَ الْأَمَلَ *désespérer, perdre l'espoir;*

298

١٤٤) اَلْكَلِمَات مُتَعَدِّدَةُ الْمَعَانِي (٧)

الثَّمَنَ *fixer le prix.*

تَذْكِرَةً *acheter, prendre un billet.*

عَهْداً *faire une promesse.*

اِسْتَقَلَّ *considérer une quantité comme peu importante;*

considérer qqn avec dédain;

porter, transporter;

monter à bord, prendre (une voiture), s'embarquer, etc.;

avoir son indépendance.

نَظَرَ إِلَى *regarder;*

فِي *examiner.*

نَقَلَ *déménager;*

transférer, transmettre;

traduire;

copier.

تَنَاوَلَ *obtenir, prendre, recevoir;*

prendre (un repas, le café, etc.);

144. MOTS A SENS MULTIPLES (8)

١٤٤) اَلْكَلِمَات مُتَعَدِّدَةُ الْمَعَاني (٨)

porter sur, traiter (un sujet).

وَضَعَ   poser, mettre, placer, apposer;

accoucher, enfanter, mettre au monde;

élaborer, inventer;

installer, établir;

écrire, composer (un livre).

تَوَقَّفَ   s'arrêter, faire halte/une pause;

عَنْ cesser, arrêter de faire qqch.;

عَلَى dépendre de;

reposer sur.

b) **Noms**   (gram.) *impératif;*

أَوَامِرُ , plur., ordre, instruction, commande-ment,   précepte, injonction, pre-scription;

أُمُورٌ , plur., chose, affaire.

أَنْفٌ   nez;

promontoire, cap, pointe (d'une montagne);

orgueil;

souci, intérêt, égard.

رَغْمَ ـه malgré lui, contre son gré

بُنْدُقيَّةٌ   fusil;

اَلْبُنْدُقيَّةُ   Venise.

جَدْوَلٌ   ruisseau;

catalogue, rubrique, table, tableau;

دْرَاسِيٌّ programme d'études.

جَدْوَلُ الأَعْمَال ordre du jour;

مَوَاعيدُ الْقطَارَات horaire (pour les trains).

خَطِيبٌ   orateur, conférencier;

sermonnaire, prédicateur;

fiancé, futur promis.

خِيَارٌ   choix;

concombre.

دَوْرٌ   tour;

rôle;

144. MOTS A SENS MULTIPLES (10)

١٤٤) اَلْكَلِمَات مُتَعَدِّدَةُ الْمَعَانِي (١٠)

دُولابٌ   *roue, pneu;*

armoire, placard.

سَهْلٌ   *facile, aisé;*

pays plat, plaine.

شَارِب   *buveur;*

moustache (souvent duel شَارِبَانِ).

شَارِعٌ   *législateur;*

rue, boulevard.

ضَابِطٌ   *contrôleur, régulateur;*

officier;

norme, règle, règle morale.

طَقْسٌ   *temps, climat.*

manière, façon, usage,

(plur.) طُقُوسٌ *rites, liturgies.*

طَاقِمٌ   *équipage;*

complet, costume, uniforme;

الأَسْنَانِ*râtelier, dentier;*

302

الشَّاي/الْقَهْوَة *service à thé, à café.*

ظَرْفٌ *charme, élégance, courtoisie;*

réceptacle, récipient;

enveloppe;

(gram.) adverbe de temps, lieu

(plur.) ظُرُوفٌ *circonstances, conditions.*

عَجَلَةٌ *vitesse, empressement, rapidité;*

roue d'une voiture, charrette, bicyclette, voiture.

عِظَامٌ *(plur.) immenses, grands, énormes, magni-*

fiques, importants;

grands, puissants, sing. عَظِيمٌ;

os, ossements, sing. عَظْمٌ.

عَقْرَبٌ *scorpion;*

piqûre (d'aiguille, etc.);

aiguille (d'une montre);

boucle (de cheveux).

فَصْلٌ *division, séparation;*

303

144. MOTS A SENS MULTIPLES (12)

١٤٤) اَلْكَلِمَات مُتَعَدِّدَةُ الْمَعَانِي (١٢)

فَصْلٌ classe, salle de classe;

saison (de l'année);

section, chapitre (d'un livre);

congédiement, licenciement.

مَنَامَةٌ dortoir, chambre à coucher;

pyjama, chemise de nuit;

اَلْمَنَامَةُ Manama (capitale de Bahreïn).

نَامُوسٌ loi, code statut;

honneur, bonne réputation;

moustique.

145. L'ALPHABET NUMERIQUE

١٤٥) حُرُوفُ الْأَبْجَدِ

Nous ne sommes pas en train de réapprendre, à la fin du livre, l'alphabet que nous avons déjà appris au début. Nous ne sommes pas non plus, en train d'apprendre un nouvel alphabet. C'est le même alphabet que nous traitons ici, mais dans un but différent et avec un ordre différent.

L'ordre actuel de l'alphabet arabe ne concorde pas avec celui des autres écritures sémitiques. Cependant, cet alphabet existe toujours. Il s'appelle *abjad*.

Les lettres de l'alphabet ont une valeur numérique qui concorde avec l'ordre plus ancien des alphabets hébreu et araméen.

Les Arabes utilisent parfois les lettres de l'alphabet pour exprimer les nombres. Ils s'écrivent de droite à gauche, et se distinguent, d'ordinaire, des mots environnants par une ligne tracée au-dessus d'eux, comme dans

غظفح 1988

Cet alphabet est moins utilisé aujourd'hui, excepté pour la numérotation des paragraphes, articles, etc. à la manière du français *a, b, c*, ainsi de suite. Comme nous l'avons déjà mentionné, l'ordre des lettres est celui de alphabet sémitique.

305

1. ا	20. ك	200. ر
2. ب	30. ل	300. ش
3. ج	40. م	400. ت
4. د	50. ن	500. ث
5. هـ	60. س	600. خ
6. و	70. ع	700. ذ
7. ز	80. ف	800. ض
8. ح	90. ص	900. ظ
9. ط	100. ق	1000. غ
10. ي		

L'arangement de cet alphabet est contenu dans ces mots barbares:

أَبْجَدٍ هَوَزٍ حُطِيَ كَلَمْنْ سَعْفَصْ قُرِشَتْ ثَخُذْ ضَظَغْ

ou, comme il s'emploie en Afrique du Nord :

أَبْجَدٍ هَوَزٍ حُطِيَ كَلَمْنَ سَعْفَضْ قُرِسَتْ ثَخُذْ ظَغُشَ

306

BIBLIOGRAPHIE
(français)

Manuels de grammaire

1) Benhamouda, Ahmed. *Morphologie et syntaxe de la langue arabe.*
Alger, Société nationale d'édition et de diffusion, 1972.

2) Blachère, R.; Gaudefroy-Demombynes, M. *Grammaire de l'arabe
classique : morphologie et syntaxe.* 3e éd. Paris, G.-P. Maisonneuve
& Larose, 1975.

3) Grevisse, Maurice. *Le bon usage.* 11e éd. Paris, Duculot, 1980.

Dictionnaires

1) El-Dahdah, Antoine. *Dictionnaire des termes de déclinaison et de
structure en grammaire arabe universelle, arabe-français, français-
anglais.* Beyrouth, Librairie du Liban, 1987.

2) Kazimirski, A. de Biberstein. *Dictionnaire arabe-français.* Beyrouth,
Librairie du Liban, 1860.

3) Reig, Daniel. *Dictionnaire arabe-français, français-arabe, as-sabil.*
Paris, Librairie Larousse, 1983.

BIBLIOGRAPHIE
(anglais)

Manuels de grammaire

1) Haywood, J.A.; Nahmad, H.M. *A new Arabic grammar of the written language.* 2nd ed. London, Lund Humphries, 1965.

2) Quirk, Randolph, *et al. A grammar of contemporary English.* Harlow, Eng., Longman, 1972.

3) Wright, W. *A grammar of the Arabic language.* 3rd ed., rev. London, Cambridge University Press, 1896-98.

4) Ziadeh, Farhat J.; Winder, R. Bayly. *An introduction to modern Arabic.* Princeton, NJ, Princeton University Press; London, Oxford University Press, 1957.

Dictionnaires

1) Cachia, Pierre, comp. *The monitor: a dictionary of Arabic grammatical terms, Arabic-English, English-Arabic.* Beirut, Librairie du Liban; London, Longman, 1973.

2) Wehr, Hans. *A dictionary of modern written Arabic (Arabic-English),* ed. by J. Milton Cowan. 4th ed., enl. and amended. Wiesbaden, Otto Harrassowitz, 1979.

3) *New Webster's dictionary of the English language.* College ed. Chicago, Consolidated Book Publishers, 1975.

308

BIBLIOGRAPHIE
(arabe)

المراجع العربية

١) ألفية ابن مالك في النحو الصرف للعلامة محمد بن عبد الله بن مالك الأندلسي. ملتزم الطبع لاتجاني المحمدي صاحب مطيعة ومكتبة المنار بتونس.

٢) متن القطر. تأليف جمال الدين محمد بن يوسف بن هشام الأنصاري الشهير بالنحوي. الطبع الأخيرة. شركة ومطبعة مصطفى الباني الحلبي وأولاده بمصر.

٣) جبور عبد النور. معجم عبد النور المفصل، عربي-فرنسي. بيروت، دار العلم للملايين، ١٩٨٣، ٢ج.

٤) جماعة من أساتذة التربية (لبنان). قواعد اللغة بالمحادثة والاستقراء وفق الطريقة النموذجية الجديدة. ١٩٦٦، ٤ج.

٥) حاطوم، أبو مصلح، كبّارة، أبو مراد. نحو العربية: كتاب في أصول العربية للمرحلة المتوسطة. بيروت، منشورات مكتبة سمير، ٤ج.

٦) علي الجارم؛ مصطفى أمين. النحو الواضح في قواعد اللغة العربية، ١٩٨٣.

٧) فؤاد نعمة. ملخص قواعد اللغة العربية .ط٤. القاهرة، المكتب

العلمي للتأليف والترجمة، ١٩٧٣.

٨) محمد خليل الباشا. التذكرة في قواعد اللغة العربية. ط٢. بيروت، عالم الكتب، ١٩٨٥.

المسرد الفرنسي
للمصطلحات النحوية

Index français
de
terminologie grammaticale

313

المسرد العربي
للمصطلحات النحوية

Index arabe
de
terminologie grammaticale

324

325

330

334

335

المعجم الفرنسي-العربي
للمصطلحات النحوية

Lexique Français-Arabe
de
terminologie grammaticale

abrégé	اَلْمَقْصُورُ
abrogatifs	اَلنَّوَاسِخُ
accompli	اَلْفِعْلُ الْمَاضِي
accusatif	اَلنَّصْبُ (نَصْبُ الْإِسْمِ)
accusatif, emploi du cas	اَلْمَنْصُوبَاتُ
active, voix	لِلْمَعْلُومِ، اَلْمَبْنِي
adjectif	اَلصِّفَةُ، اَلنَّعْتُ
adjectif assimilé	اَلصِّفَةُ الْمُشَبَّهَةُ
adjectif (nom) de relation	إِسْمُ النِّسْبَة
adverbe d'état ou de condition	اَلْحَالُ
adverbe de lieu	ظَرْفُ الْمَكَانِ
adverbe de temps	ظَرْفُ الزَّمَانِ
adverbiales, prépositions	اَلظَّرْفُ الَّذِي يَعْمَلُ عَمَلَ الْجَارِّ
affirmation, particules d'	اَلْجَوَاب، حُرُوفُ
aḥadu, usage de	أَحَدٌ، حُكْمُ
'alif prosthétique	هَمْزَة الوَصْل
alphabet	اَلْحُرُوفُ الْهِجَائِيَّةُ
alphabet numérique	حُرُوفُ الْأَبْجَد
'an, usage de	أَنْ، حُكْمُ
'anna, usage de	أَنَّ، حُكْمُ
annexion	اَلْإِضَافَةُ
annexion, noms d'	الْإِضَافَة، أَسْمَاءُ

340

masculin pluriel sain, déclinaison du	جَمْعُ اَلْمُذَكَّرُ السَّالِمِ، إِعْرَابُ
métonymie	إِسْمُ الْكِنَايَة
mots à sens multiples	اَلْكَلِمَاتُ مُتَعَدِّدَةُ الْمَعَانِي
mots, formation des	الْكَلِمَات، تَكْوِينُ
nafsun, usage de	نَفْسَ، حُكْمُ
négation, particules de	النَّفْيِ، حُرُوفُ
nom collectif	إِسْمُ الْجَمْعِ
nom commun	إِسْمُ الْجِنْسِ
nom d'instrument	إِسْمُ الآلَة
nom d'une fois	إِسْمُ الْمَرَّةِ
nom d'unité	إِسْمُ الْوَحْدَة
nom de manière	إِسْمُ النَّوْعِ، إِسْمُ الْهَيْئَة
nom de temps	إِسْمُ الْمَكَانِ
nom dérivé	اَلْمُشْتَقُّ
nom de lieu	إِسْمُ الزَّمَانِ
nom flexible	اَلْمُعْرَبُ
nom inflexible	اَلْمَبْنِي
nom intensif	صِيغَةُ الْمُبَالَغَة
nom primitif	اَلْجَامِدُ
nom propre	إِسْمُ الْعَلَمِ
nombre (des noms)	اَلْعَدَدُ
nombres cardinaux	اَلأَعْدَادُ الأَصْلِيَّةُ

344

nombres ordinaux	اَلأَعْدَادُ التَّرْتِيبيَّةُ
nominale, phrase	الإسْميَّةُ، اَلْجُمْلَةُ
nominatif	اَلرَّفْعْ (رَفْعُ الإسْمِ)
nominatif, emploi du cas	اَلْمَرْفُوعَاتُ
noms d'annexion	أَسْمَاءُ الإضَافَة
noms dérivés	اَلْمُشْتَقَّاتَ
numérique, alphabet	الأَبْجَد، حُرُوفُ
orthographe de la *hamza*	كتَابَةُ اَلْهَمْزَة
orthographe de *tā'*	كتَابَةُ التَّاء
participe actif	إسْمُ الْفَاعل
participe passif	إسْمُ الْمَفْعُول
particularisation, spécification ou la	الاخْتصَاصُ
particules	اَلْحَرْفَ
particules d'affirmation	حُرُوفُ الْجَوَاب
particules de négation	حُرُوفُ النَّفْي
particules du jussif	حُرُوفُ الْجَزْم
particules du subjonctif	حُرُوفُ النَّصْب
particules interrogatives	حُرُوفُ الاسْتفْهَام
parties du discours	أَقْسَامُ الْكَلَام
passive, voix	للْمَجْهُول، اَلْمَبْني
permutatif, substitut ou le	اَلْبَدَلُ
personnes	اَلأَشْخَاصُ

345

phrase nominale	اَلْجُمْلَةُ الإِسْمِيَّةُ
phrase verbale	اَلْجُمْلَةُ الْفِعْلِيَّةُ
pluriel	اَلْجَمْعُ
pluriel brisé et ses formes	جَمْعُ التَّكْسِيرِ وَأَوْزَانُهُ
prépositions	حَرُوفُ الْجَرِّ
prépositions adverbiales	اَلظَّرْفُ الَّذِي يَعْمَلُ عَمَلَ الْجَارِّ
prolongé	الْمَمْدُودُ
pronoms démonstratifs	إِسْمُ الإِشَارَةِ
pronoms indicatifs proéminents	ضَمَائِرُ الرَّفْعِ الْبَارِزَةُ
pronoms personnels	الضَّمَائِرُ
pronoms personnels affixes	الضَّمَائِرُ الْمُتَّصِلَةُ
pronoms personnels composés	الضَّمَائِرُ الْمُرَكَّبَةُ أَوْ ضَمَائِرُ النَّصْبِ الْمُنْفَصِلَةُ
pronoms personnels isolés du nominatif	ضَمَائِرُ الرَّفْعِ الْمُنْفَصِلَةُ
pronoms relatifs	إِسْمُ الْمَوْصُولِ
propre, nom	الْعَلَمِ، إِسْمُ
prosthétique, *'alif*	الْوَصْلِ، هَمْزَةُ
qatilun, usage de	قَلِيلٌ، حُكْمُ
qualificatif connecté	اَلنَّعْتُ السَّبَبِي
relatifs, pronoms	الْمَوْصُولِ، إِسْمُ
relation, adjectif (nom) de	النِّسْبَةِ، إِسْمُ
šadda	الشَّدَّةُ

signes de ponctuation	عَلَامَاتُ الْوَقْفِ
singulier	اَلْمُفْرَدُ
solaires, lettres	الشَّمْسِيَّةُ، اَلْحرُوفُ
spécificatif	اَلتَّمْييزَ
spécification ou la particularisation	اَلاخْتِصَاصُ
subjonctif	النَّصْب (نَصْبُ الفعلِ)
subjonctif, particules du	النَّصْب، حُرُوفُ
subjonctif de l'inaccompli, flexions du	نَصْبُ الْفِعْلِ الْمُضَارِعِ
substitut ou le permutatif	اَلْبَدَلُ
suiveurs ou appositifs	اَلتَّوَابِعُ
sujet	اَلْفَاعِلُ
sukūn	اَلسُّكُونُ
tā', orthographe de	التَّاءِ، كِتَابَةُ
tā' marbūṭa	اَلتَّاءُ الْمَرْبُوطَةُ
tanwīn	اَلتَّنْوِينُ
tašdīd	اَلتَّشْدِيدُ
temps	تَقْسِيمُ الْفِعْلِ بِاعْتِبَارِ زَمَنِهِ
temps, adverbe de	الزَّمَان، ظَرْفُ
temps, nom de	الزَّمَان، إِسْمُ
transitif, verbe	الْمُتَعَدِّي، اَلْفِعْلُ
une fois, nom d'	الْمَرَّة، إِسْمُ
unipersonnels, verbes	اَلأَفْعَالُ أُحَادِيَةُ الشَّخْصِ

347

348

verbe fort	اَلْفِعْلُ الصَّحِيحُ
verbe hamzé	اَلْفِعْلُ الْمَهْمُوزُ
verbe hamzé, conjugaison	اَلْفِعْلُ الْمَهْمُوز، تَصْرِيفُ
verbe intransitif	اَلْفِعْلَ اللَّازِمُ
verbe quadrilitère simple	اَلْفِعْلُ الرُّبَاعِي الْمُجَرَّدُ
verbe sain, conjugaison	اَلْفِعْل السَّالِم، تَصْرِيفُ
verbe transitif	اَلْفِعْلَ الْمُتَعَدِّي
verbe trilitère simple	اَلْفِعْلُ الثُّلَاثِي الْمُجَرَّدُ
verbes d'imminence	أَفْعَالُ الْمُقَارَبَة
verbes de blâme	أَفْعَالُ الذَّمِّ
verbes de louange	أَفْعَالُ الْمَدْحِ
verbes invariables et verbes flexionnels	عَلَامَاتُ إِعْرَاب الْفِعْل
verbes unipersonnels	اَلْأَفْعَال أُحَادِيَةُ الشَّخْص
verbes utilisés avec *'an*	أَفْعَالُ تُسْتَعْمَل مَعَ أَنْ
verbes utilisés avec *'anna*	أَفْعَالُ تُسْتَعْمَل مَعَ أَنَّ
vocatif	اَلْمُنَادَى
voix active	اَلْمَبْنِي لِلْمَعْلُوم
voix passive	اَلْمَبْنِي لِلْمَجْهُول
voyelles courtes	اَلْحَرَكَاتُ
voyelles longues	حُرُوفُ الْمَدِّ
waṣla	اَلْوَصْلَةُ

349

المعجم العربي-الفرنسي
للمصطلحات النحوية

Lexique Arabe-Français
de
terminologie grammaticale

instrument, nom d'	اَلآلَة، إِسْمُ
numérique, alphabet	اَلأَبْجَد، حُرُوف
aḥadu, usage de	أَحَدٌ، حُكْمُ
iḥdā, usage de	إِحْدَى، حُكْمُ
spécification ou la particularisation	اَلاخْتِصَاصُ
contraction	اَلإِدْغَامُ
iḏa	إِذَا
exception	اَلاسْتِثْنَاءُ
interrogatives, particules	اَلاسْتِفْهَامِ، حُرُوفُ
nom d'instrument	إِسْمُ الآلَة
pronoms démonstratifs	إِسْمُ الإِشَارَة
élatif	إِسْمُ التَفْضِيل
nom collectif	إِسْمُ الْجَمْع
nom commun	إِسْمُ الْجِنْس
nom de lieu	إِسْمُ الزَّمَان
nom propre	إِسْمُ الْعَلَم
participe actif	إِسْمُ الْفَاعِل
métonymie	إِسْمُ الْكِنَايَة
nom d'une fois	إِسْمُ الْمَرَّة
participe passif	إِسْمُ الْمَفْعُول
nom de temps	إِسْمُ الْمَكَان
pronoms relatifs	إِسْمُ الْمَوْصُول

ta', orthographe de	اَلتَّاءِ، كِتَابَةُ
tasdid	اَلتَّشْدِيدُ
conjugaison du verbe *ne pas avoir*	تَصْرِيف "فِعْل التَّعْبِير عَنْ عَدَمِ الْمُلْك"
conjugaison du verbe *avoir*	تَصْرِيف "فِعْل التَّعْبِير عَنْ الْمُلْكِ"
conjugaison du verbe *être*	تَصْرِيفُ فِعْل كَانَ
conjugaison du verbe *ne pas être*	تَصْرِيفُ فِعْل لَيْسَ
diminutif	اَلتَّصْغِيرُ
exclamation	اَلتَّعَجُّبُ
temps	تَقْسِيمُ الْفِعْل بِاعْتِبَارِ زَمَنِهِ
formation des mots	تَكْوِينُ الْكَلِمَاتِ
spécificatif	اَلتَّمْيِيزُ
tanwin	اَلتَّنْوِينُ
suiveurs ou appositifs	اَلتَّوَابِعُ
confirmatif ou corroboration	اَلتَّوْكِيدُ
nom primitif	اَلْجَامِدُ
datif	اَلْجَرُّ
prépositions	الْجَرِّ،حُرُوفُ
flexions du jussif de l'inaccompli	جَزْمُ الْفِعْل الْمُضَارِعِ
jussif, particules du	الْجَزْمِ، حُرُوفُ
pluriel	اَلْجَمْعُ
déclinaison du féminin pluriel sain	جَمْعِ الْمُؤَنَّثِ السَّالِمِ، إِعْرَابُ

354

déclinaison du masculin pluriel sain	جَمْعِ الْمُذَكَّرِ السَّالِمِ، إِعْرَابُ
pluriel brisé et ses formes	جَمْعُ التَّكْسِيرِ وَأَوْزَانُهُ
collectif, nom	الْجَمْعِ، إِسْمٌ
phrase nominale	اَلْجُمْلَةُ الإِسْمِيَّةُ
phrase verbale	اَلْجُمْلَةُ الْفِعْلِيَّةُ
genre	اَلْجِنْسُ
commun, nom	الْجِنْسِ، إِسْمُ
affirmation, particules d'	الْجَوَابِ، حُرُوفُ
adverbe d'état ou de condition	اَلْحَالُ
particules	اَلْحَرْفُ
alphabet numérique	حُرُوفُ الأَبْجَدِ
particules interrogatives	حُرُوفُ الاِسْتِفْهَامِ
prépositions	حُرُوفُ الْجَرِّ
particules d'affirmation	حُرُوفُ الْجَوَابِ
lettres gutturales	حُرُوفُ الْحَلْقِ
lettres solaires	اَلْحُرُوفُ الشَّمْسِيَّةُ
conjonctions	حُرُوفُ الْعَطْفِ
lettres lunaires	اَلْحُرُوفُ الْقَمَرِيَّةُ
voyelles longues	حُرُوفُ الْمَدِّ
lettres emphatiques	اَلْحُرُوفُ الْمُضَخَّمَةُ
particules de négation	حُرُوفُ النَفْيِ

355

temps, nom de	اَلزَّمَان، إِسْمُ
temps, adverbe de	اَلزَّمَان، ظَرْفُ
connecté, qualificatif	السَّبَبِيُّ، اَلنَّعْتُ
sukūn	اَلسُّكُونُ
personnes	اَلأَشْخَاصُ
šadda	اَلشَّدَّةُ
solaires, lettres	اَلشَّمْسِيَّة، اَلْحُرُوفُ
adjectif	اَلصِّفَةُ
adjectif assimilé	اَلصِّفَةُ الْمُشَبَّهَةُ
nom intensif	صِيغَةُ الْمُبَالَغَة
pronoms personnels isolés du nominatif	ضَمَائِرُ الرَّفْع الْمُنْفَصِلَةُ
pronoms personnels affixes	اَلضَّمَائِرُ الْمُتَّصِلَةُ
emploi des pronoms personnels affixes	الضَّمَائِرُ الْمُتَّصِلَة، اسْتِعْمَالُ
pronoms personnels composés	اَلضَّمَائِرُ الْمُرَكَّبَةُ أَوْ ضَمَائِرُ النَّصْبِ الْمُنْفَصِلَةُ
pronoms indicatifs proéminents	ضَمَائِرُ الرَّفْع الْبَارِزَةُ
pronoms proéminents, attribution des verbes forts et des verbes faibles aux	الضَّمَائِرُ الْبَارِزَة، إِسْنَادُ الأَفْعَال الصَّحِيحَة وَالْمُعْتَلَّة إِلَى
prépositions adverbiales ou adverbes prépositionnels	اَلظَّرْفُ الَّذِي يَعْمَلُ عَمَلَ الْجَارِّ
adverbe de temps	ظَرْفُ الزَّمَان
adverbe de lieu	ظَرْفُ الْمَكَان

nombre (des noms)	اَلْعَدَدُ
nombres cardinaux	اَلْأَعْدَادُ الْأَصْلِيَّةُ
nombres ordinaux	اَلْأَعْدَادُ التَّرْتِيبِيَّةُ
attraction ou coordination	اَلْعَطْف، حُرُوفَ
verbes invariables et verbes flexionnels	عَلَامَاتُ إِعْرَابِ الْفِعْلِ
signes de ponctuation	عَلَامَاتُ الْوَقْفِ
propre, nom	اَلْعَلَمِ، إِسْمُ
sujet	اَلْفَاعِلُ
verbe (sa construction)	اَلْفِعْلُ (بِنَاؤُهُ)
verbe concave	اَلْفِعْلُ الْأَجْوَفُ
verbe concave, conjugaison	اَلْفِعْلُ الْأَجْوَف، تَصْرِيفُ
verbes unipersonnels	اَلْفِعْلُ الْمُضَاعَفُ
unipersonnels, verbes	اَلْأَفْعَالُ أُحَادِيَةُ الشَّخْصِ
verbes utilisés avec 'anna	أَفْعَالُ تُسْتَعْمَلُ مَعَ أَنَّ
verbes utilisés avec 'an	أَفْعَالُ تُسْتَعْمَلُ مَعَ أَنْ
verbe trilitère simple	اَلْفِعْل الثُّلَاثِيُّ الْمُجَرَّدُ
verbes de blâme	أَفْعَالُ الذَّمِّ
verbe quadrilitère simple	اَلْفِعْل الرُّبَاعِيُّ الْمُجَرَّدُ
verbe fort	اَلْفِعْلُ الصَّحِيحُ
verbe sain, conjugaison	اَلْفِعْلُ الصَّحِيحِ، تَصْرِيفُ
verbe intransitif	اَلْفِعْلُ اللَّازِمُ
verbe transitif	اَلْفِعْلُ الْمُتَعَدِّي

358

verbe assimilé	اَلْفِعْلُ الْمِثَالُ
verbe assimilé, conjugaison	الْفِعْلِ الْمِثَالِ، تَصْرِيف
verbes de louange	أَفْعَالُ الْمَدْحِ
subjonctif de l'inaccompli, flexions du	الْفِعْلِ الْمُضَارِعِ، نَصْبُ
jussif de l'inaccompli, flexions du	الْفِعْلِ الْمُضَارِعِ، جَزْمُ
indicatif de l'inaccompli, flexions de l'	الْفِعْلِ الْمُضَارِعِ، رَفْعُ
verbe double	الْفِعْلُ الْمُضَاعَفُ
verbe double, conjugaison	الْفِعْلِ الْمُضَاعَفِ، تَصْرِيفُ
verbe faible	اَلْفِعْلُ الْمُعْتَلُّ
verbes d'imminence	أَفْعَالُ الْمُقَارَبَةِ
verbe hamzé	اَلْفِعْلُ الْمَهْمُوزُ
verbe hamzé, conjugaison	الْفِعْلِ الْمَهْمُوز، تَصْرِيفُ
verbe défectueux	اَلْفِعْلُ النَّاقِصُ
verbe défectueux, conjugaison	الْفِعْلِ النَّاقِصِ، تَصْرِيفُ
impératif	فِعْلُ الْأَمْرِ
verbe *écrire* à l'accompli, conjugaison du	فِعْلِ كَتَبَ فِي الْمَاضِي، تَصْرِيفُ
verbe *écrire* à l'inaccompli. conjugaison du	فِعْلِ كَتَبَ فِي الْمُضَارِعِ، تَصْرِيفُ
temps	الْفِعْلِ بِاعْتِبَارِ زَمَنِهِ، تَقْسِيمُ
jussif	الْفِعْلِ، جَزْمُ
indicatif	الْفِعْلِ، رَفْعُ

intransitif, verbe	اللَّازِمُ، اَلْفِعْلُ
law	لَوْ
ne pas être, exprimer le verbe	لَيْسَ، اَلتَّعْبِيرُ عَنْ عَدَمِ الْكَيْنُونَة
ne pas être, conjugaison du verbe	لَيْسَ وَعَدَمِ الْكَيْنُونَة، تَصْرِيفُ فِعْلِ
féminin	اَلْمُؤَنَّثُ
accompli	الْمَاضِي، اَلْفِعْلُ
nom inflexible	اَلْمَبْنِي
voix passive	اَلْمَبْنِي لِلْمَجْهُول
voix active	اَلْمَبْنِي لِلْمَعْلُومِ
transitif, verbe	الْمُتَعَدِّي، اَلْفِعْلُ
duel	اَلْمُثَنَّى
duel, déclinaison du	اَلْمُثَنَّى، إِعْرَابُ
complément d'objet indirect	اَلْمَجْرُورُ
datif, emploi du cas	اَلْمَجْرُورَاتُ
passive, voix	لِلْمَجْهُول، اَلْمَبْنِي
longues, voyelles	اَلْمَدّ، حُرُوفُ
madda	اَلْمَدَّةُ
louange, verbes de	الْمَدْحِ، أَفْعَالُ
masculin	اَلْمُذَكَّرُ
marbūṭa, tā'	الْمَرْبُوطَةُ، اَلتَّاءُ
une fois, nom d'	الْمَرَّة، إِسْمُ
nominatif, emploi du cas	اَلْمَرْفُوعَاتُ

nom dérivé	اَلْمُشْتَقُّ
noms dérivés	اَلْمُشْتَقَّاتُ
masdar, infinitif ou nom verbal	اَلْمَصْدَرُ
inaccompli	اَلْمُضَارِعُ، اَلْفِعْلُ
emphatiques, lettres	اَلْمُضَخَّمَةُ، اَلْحُرُوفُ
nom flexible	اَلْمُعْرَبُ
définition	اَلْمَعْرِفَةُ
active, voix	لِلْمَعْلُومِ، اَلْمَبْنِي
singulier	اَلْمُفْرَدُ
complément d'objet direct	اَلْمَفْعُولُ به
complément de cause	اَلْمَفْعُولُ لأَجْلِه
complément absolu	اَلْمَفْعُولُ المُطْلَقُ
complément de concomitance	اَلْمَفْعُولُ مَعَهُ
imminence, verbes d'	اَلْمُقَارَبَة، أَفْعَالُ
abrégé	اَلْمَقْصُورُ
lieu, nom de	اَلْمَكَان، إِسْمُ
lieu, adverbe de	اَلْمَكَان، ظَرْفُ
avoir, exprimer le verbe	اَلْمُلْك"، "اَلتَّعْبِيرُ عَن
ne pas avoir, exprimer le verbe	اَلْمُلْك"، "اَلتَّعْبِيرُ عَنْ عَدَم
prolongé	اَلْمَمْدُودُ
diptotes	اَلْمَمْنُوعُ مِنَ الصَّرْفِ
vocatif	اَلْمُنَادَى

formes du nom verbal régulier

prosthétique, *'alif*

waṣla

أَوْزَانُ الْمَصْدَرِ الْقِيَاسِيِّ

الْوَصْل، هَمْزَةُ

اَلْوَصْلَةُ